Johann Gottfried von Herder

Über die neuere deutsche Literatur

Zweite Sammlung von Fragmenten

Johann Gottfried von Herder

Über die neuere deutsche Literatur
Zweite Sammlung von Fragmenten

ISBN/EAN: 9783741130229

Hergestellt in Europa, USA, Kanada, Australien, Japan

Cover: Foto ©Andreas Hilbeck / pixelio.de

Manufactured and distributed by brebook publishing software (www.brebook.com)

Johann Gottfried von Herder

Über die neuere deutsche Literatur

Ueber die neuere Deutsche Litteratur.

Zwote Sammlung von Fragmenten.

Eine Beilage zu den Briefen, die neueste Litteratur betreffend.

1767.

Vorrede.

Diese Fragmente sollen nichts minder, als eine Fortsezzung der Litteraturbriefe seyn: man darf also über ihren Titel nicht erschrecken. Es sind Beiträge, Beilagen zu denselben, nach dem Schluß aller ihrer 24 Theile.

Ein Werk von 24 Theilen, das die Litteratur eines ganzen Volkes zu beurtheilen sich übernahm, das in diesem Urtheile, wie Cato, bey den Großen zuerst anfing; das die Augen von ganz Deutschland auf sich richtete, und was noch mehr ist, auch bis an sein Ende auf sich erhielt; das den Geschmack bessern wollte, und ihn auch merklich gebeſſert hat: ein ſolches Werk verdient ja nach ſeiner Vollendung vorzüglich ein Denkmal ſeiner Verdienſte.

Ich ſezze mich alſo, da ich 24 Bände durchlaufen bin, auf den lezten Gränzſtein * nieder, der mit Zahlen von Verdienſten, und Bemühungen; hie und da aber auch mit einigen Nullen menſchlicher Fehler pranget: hier ſitze ich wie Marius auf den Trümmern Carthagos, da er die Schickſale Roms und Phöniciens überdachte, oder wie ein alter ehrlicher Markgraf, der über ſein Deutſches Vaterland denkt.

Ich ſehe eine Geſellſchaft Reiſende, mit unausſprechlichen Namen, mit großen Berichten aus dem Ländchen: Deutſche Litteratur! mit Memoirs, die ich gerne in eine Geſchichte der Litteratur verwandelt wiſſen wollte. Meine Zweifel- Frag- und Erklärungsſucht — oder rühmlicher zu reden, meine Patriotiſche Neugierde legt mir Fragen

ah

* Der 24. Theil der Briefe, der das Regiſter iſt.

an ſie in den Mund — vielleicht Fragen, wie jene eines Deutſchen Arabers, die hier und da nicht ſollten, und nicht werden beantwortet werden.

Ich werfe mich indeſſen nicht zu einem Richter im Namen des Publikum auf, ein Amt, wozu ich mir nicht Beruf genug zutraue. Unpartheiiſch könnte ich ſeyn, weil ich ſelbſt weder unter ihrem Buchſtaben des Lebens A. noch unter dem Zeichen des Todes K. geſtanden: allein das beſte fehlt mir: das Milchhaar kann mich nicht mehr begeiſtern, ein Daniel für die Suſanne gegen abgelebte Hypokritiſche Richter zu ſeyn? — Wirklich ein Beruf, der heut zu Tage im Reiche der Litteratur ſo Canoniſch geworden iſt, als er uns in der Bibel Apokryphiſch dünkt.

Daher ſtrecke ich meine Faſces, und ſchleiche zu den Privaturtheilern, um nichts mehr, als meine Stimme, zu geben. Aber warum denn am Ende der Briefe? Es iſt immer mißlich, einen

einen berühmten Kunstrichter über ein Volk von Schriftstellern in der Rede zu stören. Wie gieng es jenem Thersites, da er dem Könige der Völker entgegen redete? Der göttliche Ulysses sah ihn grimmig an, und brachte ihn durch die Stärke seines Königlichen Scepters und seiner Drohungen zum Stillschweigen: "da krümmte er seinen Rücken, "und eine heiße Thräne entfloß seinem "Auge; aber von dem goldnen Scepter "entstand eine blutige Strieme auf der "Schulter: niedergeschlagen saß er, "mit feigem Antlitz, und trocknete seine "Thräne; aber die Griechen, mitten in "ihrem Mißvergnügen, fingen herzlich "über ihn an zu lachen." So schildert Homer * den Thersites; wer wollte auch nur von weitem sich zum Heer unsrer Thersite in Deutschland gesellen?

Aber nach geendigtem Werke urtheile man; alsdenn tritt der unumschränkte Diktator selbst vor die Schranken als Bürger; alsdenn mischt sich der Schau-

* Homers Iliade.

Schauspieler unter die Zuschauer, und hört das Urtheil derer am liebsten, die während der Rolle weder klatschen noch pfeifen mochten; alsdenn ist das Aegyptische Todtenurtheil gerecht, und für die Wahrheit der Geschichte nüzzlich, insonderheit wenn mündige Verwandte leben, die sich vertheidigen können; alsdenn kan man füglich zu 24 Theilen Litteraturbriefe einige kleine Beilagen machen.

Aber keinen bloßen Auszug! Dieser ist für die leicht, die aus dem Realregister sich ein Collektaneenbuch machen wollen; aber für mich wirklich schwer, und in der That auch nachtheilig. Justinus spielte den Trogus und Origenes den Celsus durch Auszüge in den Fluß der Vergessenheit, und unser Deutsches Publikum braucht die Litteraturbriefe noch recht sehr, so wie sie da sind.

Ich will mich blos, nach ihrem Leitfaden, von der Litteratur meines Vaterlandes unterrichten, und ein Gemälde derselben in den lezten 6 Jahren, im Schatten entwerfen. Ich weiß, dies Gemälde wird einigen kleinlich, andern dunkel, den übrigen so ungeheuer vorkommen, als jene Statue der Minerve, die Phidias für die Höhe des Altars gemacht hatte, dem Athenienſiſchen Volke unten am Boden vorkam. Ihn wollte man ſteinigen, und das unerfahrne, aber reizende Bild des Alkamenes behielt den Preis, blos weil es ihnen beſſer in die Augen fiel.

Ich ſammle die Anmerkungen der Briefe, und erweitere bald ihre Ausſichten, bald ziehe ich ſie zurück, oder lenke ſie ſeitwärts. Ich zerſtücke und nähe zuſammen, um vielleicht das bewegliche Ganze eines Pantins zu verfertigen. Dazu habe ich Freiheit, wie ich glaube: denn wenn die Briefe ſich durch das Fruchtland anderer Wege bahnten, ſo kann ich ja zum Vortheil des Beſitzers dieſen Weg wieder überpflügen.

gen. Wenn sie in manche Wüsten Ströme leiteten, so kann ich ja diese Ströme beschiffen. Wenn sie hie und dort im Meere Inseln entdeckten: so kann ich ja nach dem vesten Lande umherschauen. Immer aber sage ich mit jenem Alten, der über die Litteratur seiner Zeit um Rath gefragt wurde: „Kaum wagte ichs, eine so schwere Fra„ge zu übernehmen: ob es an unserm „Fähigkeiten liege, daß wir nicht kön„nen — oder an unserm Geschmack, daß „wir die Alten nicht erreichen wollen? „Ich wagte es kaum, meine Meinung „zu sagen, wenn ich nicht die Beobach„tungen der größten Männer unsrer „Zeit blos aus dem Gedächtniß anzu„führen hätte; fein ausgedachte, und „schön gesagte Gedanken, die ich schon „als Jüngling von ihnen lernte. *„

Und diesen Schuzzengeln der Litteratur widme ich auch meine vier Fragmente: ein kleiner Lorbeerkranz, der dem Olym-

* De oratorib. dialog.

Olympischen Sieger unbemerkt von einem Fremden zufliegt, der sich aus Stolz und Bescheidenheit unter das Volk versteckt. Möchte dieser Kranz jener Rose Anakreons gleichen, welcher er sein schönstes Lied* geweiht hat. Als das Meer die Göttin der Schönheit und Jupiters Haupt die Pallas erzeugte: rang auch die Erde zu gebären, und es erschien die Rose:

> Πολυδαιδαλον λοχευμα.
> Μακαρων Θεων δ' ομιλος,
> Ροδον ως γενοιτο, νεκταρ
> Επιτεγξας, ανετειλεν
> Αγερωχον εξ ακανθης
> Φυτον αμβροτον Λυαιυ.

* Anakr. μελ. 53.

Inhalt

Inhalt der zweiten Sammlung.

I. Vorläufiger Discours: von dem Ursprunge der Kunstrichter, und den Gesichtspunkten, in denen er erscheint: Prüfung der Litteraturbriefe hiernach. S. 183

II. Einleitung in die Fragmente: über die Mittel zur Erweckung der Genies in Deutschland. 200

III. Vergleichung unsrer Orientalischen Dichtkunst mit ihren Originalen:
 1. in der schönen Natur, die beide schildern: Urtheil über die Jüdischen Schäfergedichte. 207
 2. in der Vaterlandsgeschichte der Morgenländer: Von einigen Dankpsalmen. 212
 3. in ihren Nationalmythologien: Von dem Gebrauch Orient. Maschinen und Fiktionen. 215
 4. in dem Geiste ihrer Religion: Von christlichen Liedern in Orient. Geschmack. 223
 5. in ihrer ganzen Poetischen Sphäre. 229
 6. Sprache und Poetischem Sinne. Von der Nachahmung der Chöre, und Bilder. 231
 7. daher die elende Nachahmungen widerrathen, und Erklärungen zuerst angerathen werden. 236
Gespräch zwischen einem Rabbi und Christen über Klopstocks Meßias. 243

III. Von der Griechischen Litteratur in Deutschland.
 A. Wie weit wir die Griechischen Dichter kennen? Plan aus ihnen eine Aesthetik zu sammeln: Vorschläge zur Uebersetzung Homers: Ein Urtheil des Geschmacks über Steinbrüchels Uebersetzungen: Entwurf zu einer Winkelmannschen Geschichte der Griechischen Poesie: 258
 B. Wie weit haben wir sie nachgebildet?
  1. Klopstock mit Homer verglichen: war Homer so unbekannt unter den Griechen, als K. unter den Deutschen? Hat Wieland oder sein Gegner bei καλος κ' αγαθος Recht? 276
  2. Pin-

2. Pindar und der Dithyrambist: Ueber das Urtheil der Litteraturbriefe von den Dithyramben: Hypothese von dem Antiken Geist der Dithyramben: Prüfung der neuern Gedichte dieses Namens: Ein Trinklied darüber.   S. 298
3. Anakreon und Gleim: Ein Liedchen an Anakreons Taube   338
4. Tyrtäus und der Grenadier: er ist mehr als Tortäus   345
5. Theokrit und Geßner: Von der beliebten Unterscheidung zwischen Ekloge und Idylle. Hat Theokrit ein höchstverschönertes Ideal? Großer Unterschied zwischen Theokrit und Geßner.   349
6. Alciphron und Gerstenberg.   369
7. Sappho und Karschin: zwo Antipoden: Ob Sappho und Corinna wegen ihrer Buhlerei verloren gegangen? ein Urtheil der Litteraturbriefe   370

Nachschrift an Leser, Schriftsteller und Kunstrichter   378

Ueber

Ueber
die neuere deutsche Litteratur.

Zweite Sammlung.

Vorläufiger Discours.

(Von dem Ursprunge, und den Gesichtspunkten, in denen der Kunstrichter erscheinet: Prüfung der Litteraturbriefe hiernach.)

Der erste Kunstrichter, war nichts mehr, als ein Leser von Empfindung, und Geschmack. Er weidete sich an den Schönheiten und den Erfindungen seiner Vorgänger, den Bienen ähnlich, die den Saft und das Blut der Blumen trinken, ohne doch wie die Raupen, und Heuschrecken, kunstrichterische Gerippe der Pflanzen zurückzulassen. Er war jenem unschuldigen Paare gleich, dem sich im Garten des Vergnügens jede Frucht des Schönen und Guten darbot, ehe es vom Philosophischen Erkänntnißbaum genascht hatte. Es hat in der Litteratur auch ein Alter gegeben, da die Weisheit noch nicht Wissenschaft, und Schriftstellerei; die Wahrheiten noch nicht Systeme; die Erfahrungen noch nicht Versuche waren: statt zu lernen, was andre gedacht, erhob man sich selbst zum

Denken — vielleicht verdient dies auch den Namen eines goldenen Zeitalters.

Ein andrer dachte dem Gefallen und dem Eindruck nach, den Schönheit und Wahrheit auf ihn machte; und fing an die Wahrheit seines Schriftstellers in den Leib ihrer Mutter, Erfahrung, und die Schönheit in die Lenden ihres Vaters, des Vergnügens, und Gefühls zurückzuleiten. Vielleicht fühlte er sich selbst zu unfruchtbar, um Vater zu seyn, daß er also wie die Türkische Verschnittene ein Kenner und Beobachter der feinen Reize zu werden suchte, die jetzt blos für sein Auge, nicht für den Genuß waren. So ward aus dem Mann von Gefühl ein Philosoph.

Der Philosoph hatte bald das Unglück, Werke zu sehen, die die Erstgeburt ihrer Originale nicht erreichten; er muste also auf die Ursachen dieser Unfruchtbarkeit denken. Bald das noch größere Unglück, völlig schlechte Werke zu sehen; und jetzt fieng er an, die Vorzüge der ersten auf diese anzuwenden: er prüfte, lehrte und besserte. Das war der eigentliche Kunstrichter. Ist es nicht bei-

beinahe wahr, daß er so entstanden ist, als sich nach der ältesten und neuesten Philosophie das Lebendige gebiert, aus einer gährenden Fettigkeit: es sei diese der Nilschlamm, oder Chaldäens rothe Erde, das Chaos des Epikurs, oder Needhams faulender Tropfen.

Das bleibt noch immer ein Plan fürs Denken: „wie aus dem, der bisher blos empfand, „ein Denker; und aus dem Genie ein Wei„ser wurde? wie weit jedes von diesen dem „andern entgegen gesetzt sey, und wie weit „diese sich einander schwächenden Kräfte zu=„sammen kommen müssen, um die Tempe„ratur des Virtuosen auszumachen? wie „aus der Natur Kunst, aus der Kunst Kün„stelei, und aus dieser wieder Barbarey hat „entstehen können?„ Die allgemeinen Philosophischen Beobachtungen hierüber würden ein Märchen von Kritischen Troglodyten, nach Art des Montesquieu hervorbringen, und dies Märchen könnte man denn in Geschichte verwandeln und aus Völkern und Sprachen bestätigen.

Nun erscheint der eigentliche Kunstrichter — in welchem Gesichtspunkt? Gegen

N 3   Le=

Leser, gegen Schriftsteller, und gegen das ganze Reich der Litteratur überhaupt.

Dem Leser erst Diener, denn Vertrauter, denn Arzt. Dem Schriftsteller erst Diener, denn Freund, denn Richter; und der ganzen Litteratur entweder als Schmelzer, oder als Handlanger, oder als Baumeister selbst.

Dem Leser sezzet er die Speisen in ihrer Lüsternheit und Anmuth vor, und sucht durch seinen eigenen Appetit ihren Geschmack zu erregen: dies sind die Auszüge, die gemeinen Tagebücher. Der Leser ist schwach im Verdauen; er gibt ihm Wein zur Stärkung; er hat einen verdorbnen Geschmack; daher braucht er jezt ordentliche Cur. Dies sind die Kritischen Anmerkungen, die dem Leser Gesichtspunkte (im Lesen darlegen, die ihm) Erläuterungen, Prüfungen, Anwendungen darlegen — und dieses Talent gehört immer nothwendig zum wahren Kritischen Geist. Du schreibst, als wenn du für dich schriebest: nein! Kunstrichter! du schreibst für Leser: diese nie aus den Augen zu lassen, dich nach ihren Schwächen, nicht aber Fehlern zu bequemen, dich nach der Verschiedenheit ihrer Fä-

higbigkeit, Lust und Absicht zu richten; die Stummen sprechen, die Blinden sehen, und die Tauben verstehen zu lehren; die Seuche eines falschen Geschmacks mit Gegengift zu heilen, oder ihr zuvorzukommen; kurz! Leute von richtigem Gefühl, von Einsicht, von Geschmack zu bilden — das ist dein großer Zweck.

Dem Schriftsteller, was soll der Kunstrichter seyn? Sein Diener, sein Freund, sein unpartheiischer Richter! Suche ihn kennen zu lernen, und als deinen Herrn auszustudiren; nicht aber dein eigner Herr seyn zu wollen. * „Unser Geist nimmt oft eine gewisse „Unbiegsamkeit an, die uns hindert, in die „Gedanken andrer uns gleichsam hineindenken zu wollen, und folglich sehr oft die unsere „dadurch zu verbessern. Man bemerkt dieses nicht an sich selbst, wenn man einen andern über eine Materie liest, über die man „selbst noch nicht gedacht hat. Ist aber dies „letztere geschehen: so fängt die Steifigkeit „an, sich zu zeigen, die vermuthlich aus eben „dieser Ursache, auch außer andern, bei alten „Leu-

* Litt. Br. Th. 17. p. 107.

„Leuten häufiger angetroffen wird, als bei
„jungen. Es gehört entweder eine besondre
„Gabe des Himmels, oder eine anhaltende
„Kreuzigung des Fleisches dazu, um weich
„und beugsam gnug zu bleiben, und wenn vol-
„lends der, welcher Bücher lieset, um sie zu be-
„urtheilen, unverdorben bleibt: so hat er ge-
„wiß eben so viel Lob verdient, als der heil.
„Abbelmus, der sich nackt und blos zu jun-
„gen Mädchen ins Bette legte, und doch der
„Empörung der Sinne siegreich widerstand.„
Es ist schwer, aber billig, daß der Kunstrichter sich in den Gedankenkreis seines Schriftstellers versetze, und aus seinem Geist lese;
allein wie wenige Schriftsteller haben den
Stab des Popillus, um uns in diesen Kreis
einzuschließen. — Ist der Verfasser von
der Art, daß wir ihm nachdenken müssen;
so vergißt der Kritikus immer, daß er mit
dem Griffel in der Hand lieset; läßt er uns
aber die Freiheit, mit ihm zur Seite zu denken; so fühlt der Kunstrichter, er habe einerlei Polhöhe; und wird also sein Rathgeber
und Beurtheiler. Wenn endlich, wie in den
meisten Deutschen Büchern, die Vorreden

Ent-

Entschuldigungen und demüthige Komplimente enthalten; so wird der Kritikus Richter und Gesezgeber. Er darf nicht den Autor einholen; mit ihm in einer ❀❀❀e gehen, will er nicht; er geht also zu❀❀ und commandiret.

Endlich hat der Kunstrichter eine Beziehung auf das Reich der Wissenschaften, als Mitbürger. Gemelniglich hat er schon als Schriftsteller gelesen, und zeichnet bei den Recensionen die Schattenlänge seiner untergehenden Autorschaft. Oft reißet er nieder, um die Aussicht zu verbessern; oft springt er, wie Remus über die Mauer seines Bruders, um seine Eifersucht zu verewigen: oft läuft er mit ihm in die Wette, um zuerst vom Ziele den Kranz zu erwischen; oft wühlet er in Trümmern verfallner und hingeworfner Arbeit, um selbst einen Tempel zu errichten: und kann er diesen Bau zu Ende bringen und mit dem Kranze eines vollkommenen Systems, so wird er auf Rechnung vieler das Orakel. Nicht Kolom, der hier eine Insel und dort eine erfand, sondern der ans veste Land trat, gab der neuen Welt seinen Namen.

N 5 Ein

Ein Kritisches Werk, das in allen diesen drei Absichten groß bliebe: was wäre das für ein Schatz einer Nation! Die reichste Abwechselung statt der gewöhnlichen Kritischen Monotonie würde entstehen, wenn der Kunstrichter allen diesen Gesichtspunkten auflauerte; bald Leser von verdorbnem Geschmack, bald solche, die nicht zu lesen wissen, erwischte und sie zu denen führte, die mit ihm lesen; wenn er nicht als Despot, sondern als Freund und Gehülfe des Verfassers liefet, mit ihm, oder ihm nach, oder ihm vordenket, und alles mit der Sorgfalt liefet, als wenn er es selbst schriebe. — Ich glaube, es ist Shaftesbури in einer seiner leider! noch unübersezten Abhandlungen, der von sich schreibt, daß ihm beständig ein Freund, oder ein Bild der Einbildungskraft vor Augen schweben, und ihn als Muse begeistern müsse — Diese Dulcinea hat ein Kunstrichter mehr als irgend jemand nöthig.

Aber es schleicht dem Kritikus ein Gaukler nach, der seinen Charakter parodirt: er gibt uns, an statt ein Buch bis auf Herz und Nieren zu zergliedern, krüppelhafte und todte

Gerippe von Auszügen: statt ein Pygmalion seines Autors zu werden, schlägt er ihm, wie Claudius den Statuen Roms, das Haupt ab, und sezt das seinige darauf: als ein zweiter Pluto bewacht er altes angeerbtes Geräth, und ehrwürdigen Auskehricht der Litteratur: er eifert in den petites maisons der Gelehrsamkeit gegen elende Uebersezzer: die Brille eines Compendiums oder das Fernglas eines Systems in der Hand, nähert er jezt diese Wahrheit, jezt entfernt er jene, um das Schattenspiel seiner Lieblingsbegriffe nur beständig zu erblicken; und eben dies ist ein Kunstrichter nach dem gewöhnlichen Geschmack: er wird seinen Lesern so unentbehrlich, als die Zeichen und Wetterprophezeiungen im Kalender den Tagewählerinnen sind: er wird gelesen, gelobt und vergessen: seine Ephemeriden, gleich den Insekten dieses Namens, haben eine Woche, einen Monat, eine Messe, ein Jahr zu ihrem Lebenslauf.

Leser! mit dem ich jezt spreche, folge diesen Winken, die nicht Einfälle sondern oft und leider! bei den besten Werken gemachte Beobachtungen sind. Ich lasse dich los, um die
viele

viele Deutsche Journale, die die Modekrankheit ynsrer Zeit sind, in diesen Aussichten zu betrachten, und wie du es für gut findest, in der Stille zu ordnen. „In der Stille! denn alle unsre Kritici sind Richter; jedes Journal reimt sich mit Tribunal: hierinn ist die Deutsche Litteratur ihrem Vaterlande ähnlich; viele Fürsten und kein gebietender Oberherr! Man muß also noch so lange in der Stille urtheilen, bis man die Kunstrichter auch als Schriftsteller ansehen lernt. — — Ich rede von den Litteraturbriefen, und thue mir darauf zu gut, daß ich von ihnen als von Mustern meistens reden kann!

„Beinahe ein Gemälde der Deutschen Lit„teratur in den lezten fünf Jahren!„ * Beinahe! nur was lobt es mir omnissa anzubringen. Hätten sich die Verfasser weniger durch Streitigkeiten hinreißen lassen; hätten sie es nicht öfters vergessen, daß sie mit dem Publikum sprächen: so wäre dies Gemälde voll=

* s. Schluß der Litt. Br.

vollständiger und gleichmäßiger in seinen Theilen gerathen. Und überhaupt hat sich im ganzen Werk der Geist zu sehr geändert. Im Anfange Nachrichten an einen kranken Offizier — Züchtigungen der Uebersezzer — Urtheile über die vornehmsten Deutschen Schriftsteller, die in Postur standen — Jezt Aussichten über verschiedne Felder der Litteratur — endlich Diktatorische Urtheile:

— — amphora coepit
Institui, currente rota cur urceus exit.

Feurig stieß Fll. an; der Philosophische D. griff ins Rad, um es im Schwunge zu mäßigen; der Planenvolle B. brachte es nach einigem Stocken hin und wieder aufs neue in den Lauf; bis es, wie es mir vorkommt, in den drei lezten Theilen schon ablaufen will. Das Urtheil geräth oft einseitig; Schreibart fällt oft nachläßig zu Boden; der Ton verliert bisweilen Anstand und Stärke — die lezte Wallungen eines Lichts, das erlöschen will.

„Vorzüglich Kunstrichter für die Schrift„steller!" * Und nach welchen Gesezzen?
Die

* Litt. Br. Th. 1. p. 92.

Die beste Art, einen Autor zu beurtheilen, ist sein eigner Plan: dieser ist zu prüfen, zu bessern und auszumalen. Diese Arbeit charakterisirt und bildet Genies; schwer und nützlich zugleich! So beurtheilten die Litteraturbriefe Süßmilchs Ordnung, Haugens Zustand von Schwaben; Meiers Gedanken über die gelehrte Sprache u.s.w.

Prüft man blos den Plan allgemein, und sagt seine Gedanken drüber, ohne den V. nach seinem Plan zu prüfen: so thut man weder dem Ehrgeiz, noch der Demuth desselben Gnüge. Man hält ihn zu sehr für Kind, wenn man sein Ganzes verwirft, und zu wenig für Kind, wenn man sein Probstück nicht ansehen will: corrige sodes! hieß es bei den Schulhandlungen, und Dithyramben.

Bei mittelmäßigen V. deren freilich die meiste sind, verstehe man die Kunst, die Sokrat bei Heraklits Schriften anwandte: ein Täucher zu seyn, um Perlen heraufzuholen. So machten es die Litteraturbriefe nach Roskommons Rathe, bei dem Sonderling, den Zerstreuungen und andern sehr mittelmäßigen

gen Schriften; bei schlechten hätten sie es mehr thun sollen und können.

Die entgegen gesezte Straße ist, Stellen herausnehmen, um an ihnen zum Ritter zu werden: Oerter zu suchen, wo man seine Lieblingsgedanken ausschüttet. Dies unterhält; aber oft auf Kosten des Autors. Warum gab aber der Nordische Aufseher z. E. Blößen, wo man ihn angreifen konnte? So wird der Vertheidiger, aber nicht der Angetastete, fragen.

Man muß mehr Kunstrichter über Fehler, als Schönheiten seyn! insonderheit Schriftsteller auszubilden. So lange man nicht Werke liefert, bei denen es selbst schwer war, zwei Fehler zu erwischen, bei denen wenigstens die Schönheiten überwiegend sind, bei denen kein falscher Geschmack zu merken oder zu fürchten ist: so kann der Kunstrichter immer sich die leichtere Arbeit wählen, Fehler zu bemerken: eine Arbeit, die ihm überdem Würde gibt. — Und das selbst bei guten Verfassern! Wo viele Schönheiten sind, muß ich auch die kleinsten Fehler rügen: die Schönheiten findet das Genie selbst, und der Kunstrichrichter entfaltet nur die feinsten, die dem Auge selbst des Genies entwischen könnten; die Fehler muß man auch an Cramers rügen, wenn nicht ihrer, doch der Basedows * wegen; damit wer nicht Genie ist, gewarnt werde:

Ne sumat maculas, quas aut incuria fudit
Aut humana parum cauit natura — —

Je mehr der Kritikus sich vertheidigen muß, desto minder wird seine Gerechtigkeit unwidersprechlich. Der alte Syrus hat wohl nicht Unrecht: „Lobe die Freunde öf-„fentlich und tadle sie insgeheim!„ man gab dies auch den Litteraturbriefen Schuld; aber wie? wenn ihre Freunde wirklich den Königl. Mittelweg zwischen Schweizern und Gottschebianern gegangen wären? — Und denn! haben sie nicht bloße Nachahmer und knechtische Anbeter eben aus Liebe recht merklich gezüchtigt?

Und wer wird bei der Wahrheit Freiheit tadeln? Eine Freiheit, bald im Englischen; bald im Französischen Geschmack?

We=

* Litt. Br. Th. 5. p. 289.

Wenigstens sticht sie doch immer in den Litteraturbriefen vom Magister von Akademischer Zeitungen * ab, und es läßt dem Kunstrichter so ansehnlich, wenn er uns daran erinnert, als wenn die alten Könige bei Scepter und Bart schwuren. — Allein wenn die Kritik, Wieland den Menschen ** beurtheilt, ich meine nicht, Wieland den Schriftsteller, (so wie man diesem Manne in mehrern Journalen in Absicht der Metamorphose seiner Denkart zu nahe getreten ist:) wenn sie einige Schriftsteller nicht blos zu Boden wirft, sondern auch wie Achilles den Hektor im Staube schleifet, wie vielleicht Dusch, Paull, Lindner, Tresho und der Verfasser der Lyrischen und Epischen Gedichte sich beklagen könnten: so muß man beinahe an das Wort Deutsch, oder an die Titelvignette denken — wie sehr wird aber ein Schulmeister nicht betreten, wenn sein Homer sich manchmal vergißt und schnarcht!

Frei-

* Th. 6. p. 241.
** Th. 1. p. 35.

O

Freilich richtet sich die Echo nach der Stimme, die sie aufrief; und das Kriegsrecht erlaubet — „aber die Antwort des „Plato an den bäurischen Xenokrates hat „immer mehr Würde: bringe den Gratien ein „Opfer!„ Doch „wenn der Verfasser der „Anmerkungen zum Gebrauche Deut„scher Kunstrichter " mich nicht so verstehet, „wie Xenokrates den Plato?„ — Wohl! so hört und verstehet ihn auch nicht das Attische Publikum, und wer wird sich unter Böotier mischen?

Illi modo quid tentent dicere, furfur erit!

Ueberhaupt schlechten Schmierern von Nachtgedanken, Schilderungen, höhern Weltweisheiten ꝛc. ihre Fehler weitläuftig sagen, ist ihnen unnütz, und Lesern verdrießlich: man lege den heiligen Fluch der Muse auf sie:

Tu cuncta invita dicas faciasue Minerua!

Was Isokrates sich zum Muster nahm: „stumpfes Eisen zu wetzen!„ das ist auch der

Zweck

* Th. 13. und 18.

Zweck der Kunstrichter gegen Schriftsteller, und das Verdienst der Litteraturbr. Haben sie nicht das Füllhorn der Gratie ganz ausgeschüttet: vnde parentur opes; so haben sie doch Blumen gestreuet um den Altar der Göttin Litteratur — falls nicht schlechte Schriftsteller in gute umschaffen können; doch die elenden etwas zur Furcht und Behutsamkeit gebracht. Die Quelle des guten Geschmacks ist geöfnet: man komme und trinke!

Einleitung.

Seitdem der Nationalstolz einer gewissen Schule in Deutschland sich etwas gebeuget hat: „unser Deutschland dörfe keinem Volk, es sey alt oder neu, wenn es nur Undeutsch ist, an Werken der Einbildungskraft etwas nachgeben." — seitdem die Nachahmungssucht einer andern Seite auch etwas kalt geworden: man müsse, was nur Orientalisch, Griechisch und Brittisch hieße, durch rauhe Kopien auf Halbdeutschen Boden verpflanzen; seitdem Kunstrichter, durch beide Abwege gewarnt, die Mittelstraße wählten, und auf den Trümmern Gottschedischer Originalwerke und Schweizerischer Nachahmungen, die Deutsche Litteratur übersahen: seit der Zeit ist keine Klage lauter, und häufiger, * als über den Mangel von Originalen, von Genies, von Erfindern — Beschwerden über die Nachahmungs- und gedankenlose Schreibsucht der Deutschen.

Die Litteraturbriefe unterschieden sich gleich vom Anfange durch den eisernen Ton hier-

* Litt. Br. Th. 1:24.

hierüber; man konnte es merken, daß sie über jedes Feld der Deutschen Litteratur ihre Aussichten ausbreiten wollten; und da schon das Cirkelrad von Fehlern beinahe herumgetrieben war: da Schweizer und Gottschedianer einander möglichst widerstanden, und gleichsam durch ihre gegenseitige Kräfte, die in einander wirkten, eine gewisse ruhige Denkart hervorbringen mußten: so foderte es die Zeit, daß Kunstrichter, die beider Partheien Ausschweifung sahen, eine mittlere Schwäche inne werden mußten: und auf diesen Zeitpunkt trafen die Briefe.

Bloßer Tadel macht kleinmüthig; beständige Klagen endlich verdrossen, und ewige Vorschriften matt und gezwungen: kommt es nun noch dazu, daß der Tadel nicht immer gründlich, die Klagen wiederholt, und die Vorschriften zu einschränkend sind: so sieht man den Schulmeister, der nach der bekannten Fabel, dem Kinde im Wasser eine Strafpredigt hält, den Philosophen dem Hungrigen vorpredigen: sey nicht hungrig! und den Arzt dem Kranken zurufen: sey gesund!

Um also mehr zu thun, als zu klagen: kann man dreierlei versuchen. Zuerst als **Weltweiser**, das **Genie**, und **Originalgeist**, und **Erfindung** zergliedern, seine Ingredienzien auflösen und bis auf den feinsten Grund zu bringen suchen. Ich wünsche unsrer Zeit zu diesen seinen Untersuchungen Glück; sie sind ein neuer Begrif unserer Weltweisheit: sie sind von großem Nutzen in der Geisterlehre, und es ist ein Vergnügen, viele Deutsche gemeinschaftlich in einerlei Goldader, aber an verschiednen Oertern graben zu sehen. **Sulzers**[*] Abhandlung in den Schriften der Berlinschen Akademie: die **Untersuchungen** zweier Ungenannten in der **Sammlung** vermischter Schriften, und in den **Breslauer** Sammlungen wetteifern, um diesen Begrif ins Licht der Sonne zu stellen.

Allein zur **Erweckung** der **Genies** trägt dies Zergliedern nichts bei: bei aller Mühe bleibt die viuida vis animi so unangetastet, als der rector Archaeus bei den Scheidekünst.

[*] Litt. Br. Th. 6. und 22.

Künstlern: Erde und Wasser bleibt ihnen; die Flamme verflog, und der Geist blieb unsichtbar; allen ihren Chymischen Zusammensetzungen können sie nach dem, was sie bei der Scheidekunst gewahr wurden, zwar Farbe, Geruch und Geschmack, nie aber die Kraft der Natur geben. Je mehr Seelenkräfte der Weltweise herzählet, die zum Genie gehören; je mehr Ingredienzien er in diesem Salböl der Geister antrift, je mehr kann ich zweifeln, ob mir nicht eine davon entging: und niemand war groß, der an seiner Größe zweifelte, und jemand höher, als sich, schäzte. Je feiner die Regeln sind, die du aus der Natur des Genies herleitest: desto furchtsamer wird der Versuch, der sich endlich nichts höhers vorsezzt, als Fehlerlos zu seyn.

Jener Baumeister im **Plutarch**, sagte hinter den prächtigen Entwürfen seines Vorgängers: alles, was er gesagt hat, will ich thun! — Und der kann zuerst ein Meister in Israel werden, der andern vorarbeitet: die armen Stümper, quibus peiore ex luto finxit praecordia Titan, werden ihm gern nachfolgen. Woher glühet uns bei der

der Youngischen Schrift über die Originale, ein gewisses Feuer an, das wir bei blos gründlichen Untersuchungen nicht spüren? Weil der Youngische Geist drinn herrscht, der aus seinem Herzen gleichsam ins Herz; aus dem Genie in das Genie spricht; der wie der Elektrische Funke sich mittheilt.

Man kann sagen, daß hiezu mehr Beobachtung, und zu dem ersten mehr Spekulation erfodert wird: bei dieser schränket man sich mehr ein; bei der Beobachtung breitet man sich mehr aus. Ist man selbst Genie, so kann man durch Proben die meiste Aufmunterung geben, und den schlafenden Funken tief aus der Asche heraushohlen, wo ihn der andre nicht sucht. Man wird auch eher auf die Hindernisse bringen, die das Genie und den Erfindungsgeist aufhalten, weil man sie aus eigner Erfahrung kennet. Und endlich wird man den Thoren am besten die Originalsucht austreiben können: wenn man mit der grossen Stimme des Beispiels sie zurückscheucht. Durch seine Spekulationen ist nie der Geist einer Nation geändert: aber durch grosse
Bei-

Beispiele allemal; und neben dieser Hoheit, ein Muster werden zu können, braucht man blos ein gutes Auge, andre zu sehen, und einen guten Willen, sich mittheilen zu wollen.

Weil es aber gefährlich ist, als ein zweiter Prometheus, den Elektrischen Funken vom Himmel selbst zu holen; weil es schwerer ist, Künstler, als ein Sophist über die Kunst zu seyn; weil das Kunstrichteransehen immer Verminderung befürchtet, wenn es sich selbst der Beurtheilung unterziehen soll: so ist der Mittelweg die gewöhnliche Straße: man betrachtet die Werke der Andern, um durch sie aufzumuntern. Und dies ist die dritte und üblichste Art, zu der ein gutes Auge zu sehen und zu vergleichen, Aehnlichkeit und Unterschied zu bemerken, und ein guter Verstand gehört, rathen zu können.

Ich will also die Deutschen Nachahmungen mit ihren Originalen vergleichen; ihren Werth gegen einander abwägen, und fragen: warum Apoll den Deutschen noch immer sagen kann, was er dort durchs Orakel den Aegi-

Aegiäern sagte: υμεις Αργυες, ετε τριτοι, ετε τεταρτοι. Ich selbst bin zwar nicht ein Vertrauter des Apollo; allein Homer führt den Achill dort redend ein: „Wohlan! „laßt uns einen Wahrsager, oder Priester, „oder Traumdeuter fragen: warum Phöbus „Apollo auf uns so sehr zürne? denn wahr„lich, auch der Traum kommt vom Jupiter!„ — Kalchas sagte die Wahrheit, und fand folglich den Widerspruch, auf den er sich gefaßt machte. Agamemnon hieß ihn einen Wahrsager des Unglücks; aber Lügenprophet getraute sich selbst Agamemnon nicht zu sagen. *

* Iliade B. 1. V. 64. ic.

Von

Von den Deutsch-Orientalischen Dichtern.

I.

Ein Theil unsrer besten Gedichte ist halb Morgenländisch: ihr Muster ist die schöne Natur des Orients: sie borgen den Morgenländern Sitten und Geschmack ab — und so werden sie Originale. Wenn nicht neue; so liefern sie doch wenigstens fremde Bilder, Gesinnungen und Erdichtungen. Darf man sie prüfen? Es ist mißlich; denn wie oft vermengt man aus Dummheit oder Bosheit, das, was man an Dichtern tadelt, mit dem, was man in andern Gesichtspunkten gern annehmen will: das, was wir nachahmen, mit demjenigen, was wir glauben. Indeß wage ichs; und kann es wagen, da insonderheit ein größer Mann in Deutschland, der Morgenländische Philologie und dichterischen Geschmack genug besitzt, um hievon zu urtheilen, in einigen Stücken öffentlich Bahn gebrochen hat.

Können wir die Morgenländer nachahmen? Können wir ihnen in der Dichtkunst gleichkommen? So frage ich, und leite bloß den Leser auf Wege, die er selbst fortsetzen, oder nach Belieben vorbeigehen kann.

Die schöne Natur des Orients ist nicht völlig die unsrige. Wenn David von den brausenden Tiefen des Jordans nahe an seinen Ufern ein Trauerlied singet: so wird so ein karakteristisches Ganze draus, als Michaelis im 42sten Psalm zeiget. Wenn die biblischen Dichter von den Schneegüssen des Libanon; vom Thau des Hermon; von den Eichen Basans; vom prächtigen Libanon, und angenehmen Carmel reden; so geben sie Bilder, die ihnen die Natur selbst vorgelegt hat: wenn unsre Dichter ihnen diese Bilder entwenden, so zeichnen sie nicht unsre Natur, sondern reden ihren Originalen einige Worte nach, die wir kaum nur halb verstehen. Das vortrefliche Buch Hiob! woher nimmt es alle seine Schätze der Schönheit? Aus inländischen, aus Egyptischen Bildern, Erdichtungen und Gegenständen! Nun sage man, wie einer unsrer Dichter, der Egypten

pten oft nicht einmal aus Reisebeschreibungen kennt, vom Leviathan und Behemoth singen darf? Wie manches Lob Gottes in Deutschen Gedichten könnte ich anführen, wo die größten Bilder so übel zusammengesezt sind, daß ein prächtiges, neues, ungewöhnliches — Unding herauskommt: o überließen doch unsre Dichter dergleichen einigen Kanzelrednern, die es sehr gut zu brauchen wissen.

Und wenn wir diese Bilder auch endlich verstehen — erklären, und aus den lebhaftesten, historischen und geographischen Beschreibungen ihre Schönheiten ganz fühlen lernen; nie haben diese historische Beschreibungen, Auslegungen, Erklärungen so viel Eindruck in uns, als die sinnliche Gegenwart dieser Oerter; nie das Leben der Anschauung, als wenn wir sie selbst sähen; als wenn unsre Seele durchs Auge brennende Pfeile empfände, als wenn uns die Muse wirklich ergriffe und weckte; als wenn wir μυσοληπτοι oder μυσοπαταϰτοι würden; und so waren es die Poeten des Orients:
„Ich bin der Rede so voll, daß mich der
„Othem

„Othem in meinem Bauch ängstiget: ich muß
„reden; daß ich Othem hole: ich muß meine
„Lippen aufthun und antworten!„ So muß
es jeder großer Dichter seyn:

— — — Poscere fata
Tempus erit. Deus! ecce Deus!

Nie ist die gesunde Einbildungskraft so
lebhaft, als die Erfahrung, und die ideale
Gegenwart der sinnlichen gleich.

Der Verfasser der Jüdischen Schäfergedichte, dem sonst Anlage zur Dichtkunst
nicht fehlt, hat meine Warnung durch seinen
unglücklichen Flug bestätigt. Diese sowohl,
als seine Schilderungen berühmter Gegenden des Alterthums, haben lange nicht
die Gewalt, uns in diese Gegenden zu versezzen:
seine Einbildungskraft kämpft, um — lauter
alte Züge zu wiederbelen, Norden nach Orient
zu verpflanzen; alles, was er gesehen und gelesen, aufzubieten; alle vier Welttheile zu
vereinigen, um — etwas Unbestimmtes, und
Schlechtes zu liefern. Seine Einbildungskraft und seine Sprache — alles sichert ihn
vor dem Verdachte, beschnitten zu seyn: er
verläße sein Land, um in der Fremde zu bet-
teln.

teln. Die Poetischen Gemälde aus der heiligen Geschichte * verlieren in diesem Betracht immer viel von dem ungeheuren Beifall, den ihnen einige gegeben: indessen ziehen sie sich unter Poetische Empfindungen zurück, und als solche mag ich sie nicht betrachten.

Singen wir überdem Occidentalische Gegenstände, und mit Tönen dem Morgenlande entwandt: so wird ein solch Gemisch daraus, als jeder in Horazens Bilde auslachet — Und doch lachen wenige, wenn der Jordan und Hermon, und Cherubs u. d. gl. neben dem Rhein und dem Harz stehen: wenn sich die Orientalischen Tiger mit unsern Lämmern gatten. — „Wir können Vergleichungen mit diesen Gegenständen allerdings nutzen'." Wir können Bilder borgen, um sie für uns anzuwenden, aber uns nicht durchgängig ihnen überlassen, nicht in dieser fremden Bildersprache durchgängig reden: nicht sie mit der unsern ungeschickt vermischen: nicht uns den Glanz der Mittagssonne rauben, um den Schein einer Lampe zu geniessen; oder diese gar in das Sonnenlicht tragen.

Käms

* Th. 6. p. 247.

Käme es nur erst so weit, daß niemand schriebe, was er nicht verstünde: befleißigten wir uns mehr, den Orient zu beschauen, die heiligen Gedichte zu verstehen, und wirklich erklären zu können: so würden wir es gewiß verlernen, mit Orientalischen Mastkälbern zu pflügen; wir würden uns, wenn wir ihre Kunst nur ganz einsehen, zu Schilderern unsrer eigenen Natur ausbilden. Nicht Armuth, sondern Unschicklichkeit oder Bequemlichkeit hindern uns daran, unsere Schäzze zu brauchen, und lieber, wie Cäsar sagt, pauperes nostro in aere zu seyn.

2.

Auch die Vaterlandsgeschichte der Morgenländer ist nicht unsere. So sehr sich immer Voltaire, und die seines Theils sind, beklagen, daß wir ein edles dummes Volk aus einem Winkel der Erde, so sehr erheben; so wahr es ist, daß ihre Geschichte allerdings mehr Platz in unserer Historie und Aufmerksamkeit einnimmt, als sie an sich verdienen möch-

möchte: so fehlt uns doch noch immer zu viel, unsern dichterischen Stoff bis auf kleine Nuancen aus ihrer Geschichte zu borgen. Unser Publikum, das die Juden blos aus einem Hübner oder Iken kennet, wird einen ewigen Commentar nöthig haben, und Schönheiten, die für das Auge dastehen, mit dem Fernglase ansehen müssen. Und der Dichter selbst wird Mühe genug haben, in den Orientalischen Gedichten die beständigen feinen Anspielungen auf ihre Rettungen von Feluben, auf ihre Urväter, auf die Aegyptische Errettung, auf ihre Reise durch die Wüste u. s. w. nur überall bemerken zu können; nur höchstens die Hälfte von ihnen zu verlieren. Sie ganz besitzen zu wollen, ihre Schilderung selbst zu übernehmen— das thut nur der, so das Lächerliche einer halbgetroffenen Nachahmung nicht einsieht. Wer hätte uns eher den Moses im Heldengedichte singen können, als Michaelis; und dennoch ließ er ihn liegen, nach der weisen Horazischen Regel:

> Si quae desperas tractata nitescere posse
> . . . relinque.

Könn-

Könnten wir doch nur erſt ihre Gedichte aus ihrer Nationalgeſchichte ganz erklären; alsdenn überſetzt und ahmt nach! Was iſt z. E. der 68ſte Pſalm, wenn ihn der Ausleger des Lowth erklärt, und was iſt er bei Cramer?

Geſetzt, wir könnten alles dies wiſſen; ſingen wir denn für Juden? die ſich für das einzige Volk Gottes hielten? die von dem feurigſten Nationalſtolz belebt wurden? Jedem Volk gießet bei ſeiner erſten Bildung der Patrictismus Flammen in die Adern — bei keinem aber hat er dies gährende Blut länger erhalten, als bei dieſem. Von allen Völkern der Erde abgeſondert, brachte es ſeinem Schutzgott Nationalgeſänge; erlöſet von Feinden, die ſie anſpieen, ſangen ſie Triumphslieder, die ihr Patriotiſcher Geiſt belebte: entfernt von Fremden, die ihnen unrein waren, ſangen ſie bei Nationalfeſten — wer kann ihnen nachſingen? Unſer GOtt iſt ein Vater der Menſchen, nicht eines Volks, ein GOtt der Chriſten, nicht einer chriſtlichen Religion!—

„Aber werden einem Juden dieſe Gegenſtän„de nicht eben ſo alt geworden ſeyn, als „uns?

„uns?„ Ich gebe es zu: und habe doch nicht meine Parallele verlohren. Ihnen ward es mit der Zeit gleichgültiger; aber uns noch ungleich eher und stärker; weil alle diese Geschichte für uns fremder und entfernter sind. Man sey unpartheiisch; wer kann wohl bei uns den besten Cramerischen Dankpsalm mit der Entzückung singen, wenn er Nationalwohlthaten betrift, als Israel in seinem Heiligthum? Wer singt die Cantate des Zachariä mit eben der Theilnehmung, als Mirjam und Moses die ihrige am rothen Meere? Es kann immer seyn, daß „ein Genie im „Talmud seine völlige Nahrung finden könne, „als in einer Wissenschaft„* aber ein Poetisches Genie, das nach Materialien zur Dichtkunst gräbt? Schwerlich! wenn es unserm National- oder Seculargeist sich bequemen will.

3.

Mit diesem Nationalgeist sind auch die Nationalvorurtheile sehr genau verbunden;

* Litter. Br. Th. 2. p. 156.

Meinungen des Volks, über gewisse ihnen unerklärliche Dinge: Fabeln, die sie sogleich mit dem Stammlen der Sprache von ihren Erziehern lernen, die sich also aus den ältesten Zeiten von den Stammvätern herunter erben: die sich bei einem sinnlichen Volk, das sich statt der Weisheit und Wissenschaften, mit dem Hirtenleben, dem Ackerbau, und den Künsten abgiebt, sehr lange Zeit erhalten können, und dem Dichter also vielen Stoff darreichen, zu Erdichtungen, die das Herz des sinnlichen Volks sinnlich rühren können. Er weckt das auf, was in ihnen schläft, er greift ihre Seele bei der schwächsten Seite an, und erinnert sie an ihre Begriffe der Erziehung, mit denen sich ihre Einbildungskraft gleichsam zusammen geformt hat: an die Traditionen ihrer Väter, die also auch ihre Lieblingsvorurtheile geworden sind, weil sie sich nach dem Naturell ihres Denkens, ihres Clima und ihrer Sprache richten. Daraus entstehet alsdenn für die Dichter eine heilige Mythologie: die National ist, und ihnen jederzeit eine Zauberquelle war, um Fiktionen zu schöpfen, und Bilder zu erheben, in die sie, bis zu den ersten

Zeiten

Zeiten des Volks, auch Propheten und Richter waren, ihre sinnreiche Weltweisheit, Tugend- und Lobsprüche einkleideten.

Alle Morgenländer haben an diesen geerbten Mährchen einen sehr reichen Ueberfluß, wie alle Reisebeschreibungen zeigen; ihre Dichter bedienen sich desselben also so sorgfältig, als Homer und Virgil sich bekanntermaßen auf alte Sagen und Ueberlieferungen gründeten. Die Juden, ein sinnliches Volk, hatten auch keinen Mangel daran, und warum sollten sich ihre Dichter nicht dieser unschuldigen Kunst bedienen, um über sie zu siegen? Ein großer Glaube über Träume, Zaubereien, Erscheinungen und Besizzungen ist dem Dichter so vortheilhaft, als er dem Weltweisen ein Dorn im Auge ist; und mit welcher Mühe suchte GOtt diesen in Judäa auszurotten? Beschwörungen, Zaubereien durch Schlangen; diese Meinung hatten sie mit den Morgenländischen Völkern gemein, wie die öftern Stellen ihrer Dichter bezeigen. Aus Aegypten hatten sie einen ganzen Schatz dieser Nationalmeinungen herübergeholt: von denen Michaelis einige, wie aus einem Herkuleum, gezogen hat.

Für

Für uns sind diese Fabeln halbverloren, oder fremde, oder todt; da unsere mehr wissenschaftliche und denkende Lebensart sie ausgetilget, oder geläutert hat. Die schrecklichen Donnerwetter, die an dem Meere aufflogen, und über ihr Land nach Arabien hinzogen, waren in ihren Augen Donnerpferde, die den Wagen Jehovahs durch die Wolken zogen; ihnen hat David also so viel große Bilder, und insonderheit den vortrefflichen 29sten Psalm geweihet. Bei uns sind die Cherubim nicht eigentlich mehr lebende Idole der Phantasie; noch glauben zwar Kinder und Weiber das, was unser Dichter singt: „GOtt fährt in den Wolken, um Don„nerkeule zu schleudern;„ der Weltweise aber und sein Bruder, der Philosophische Dichter, wird, seitdem Prometheus den Elektrischen Funken vom Himmel stahl, eher den Elektrischen Blitzfunken, als so oft wiederholte Bilder singen. Wo ist bei uns der Engel des Todes, mit seinem flammenden Schwert, dessen Gefolge und Verrichtungen jene so gut kannten? Er ist entweder ein Unding, oder nach den Idolen unsers Pöbels ein Gerippe!

Wo

Wo sind die Engel des Herrn, auf Flügeln der Winde, und auf den Flammen des Feuers? Es sind Diener der Natur, die unsere Einbildungskraft selten personificirt! Was ist die Beste des Himmels, wo der Thron Gottes ruhet? Luft! Was der Regenbogen, der sich zu seinen Füßen wölbet? Bei den alten Slaldern die Brücke, auf der die Riesen den Himmel stürmen wollten, die noch jetzt, ein flammender Weg, zum Schrecken erscheint; aber für unsern Dichter, ein Farbenspiel. Solcher Nationalvorurtheile könnte ich eine große Menge anführen; und die meisten haben sich entweder in unserer erleuchtetern Zeit schon verlohren, oder verfeinert, oder sind nach dem Unterschiede unsers Klima und unsrer Denkart ganz anders. Die Religion der Skalder,* die Odin aus den Morgenländern brachte; wie sehr veränderte sie sich auf dem rauhen Scandinavischen Grund und Boden? Ihr Himmel und ihre Hölle, ihre Weltentstehung durch Frost, und ihre Riesen, ihr großer Wolf, und der Bändiger desselben, ihre Zaubereien und Heldenthaten sind mit solchen

---

* Mallet Geschichte v. Dänem. Th. 1.

chen Localfarben aus Norden gemahlet, als
in verschiedenen andern Gegenden hier Dra=
chen und dort Elephanten, das Paradies und
die Hölle der Araber, die Brücke Poul=Serra
der Perser, und die Schildkrötengeschichten
der Amerikaner gezeichnet sind. Es wäre
ein angenehmer und nützlicher Versuch, diese
Nationalvorurtheile vieler Völker zu sammlen,
zu vergleichen, und zu erklären.

Für den Dichter sind dieses Nationalvor=
theile, die ihm nicht immer entwandt wer=
den können, ohne ungereimt, oder lächerlich
zu werden. Miltons Brücke über das Chaos
mag freilich im Munde eines Arabers, des
Sadi, besser klingen, als in dem seinigen:
Klopstocks Oefnungen am Nordpol, seine äthe=
rischen Wege, seine Sonnen im Mittelpunkte
der Erde dörften vielleicht zu sehr die Wir=
belwelt der Leser verrücken, sie mögen ehrlich
Ptolomäisch, oder Copernikänisch denken; die=
se Erdichtungen scheinen selbst einer sinnlichen
Denkart entgegen. Und übersieht man über=
dem die Erdichtungen, die die Schweizer in
ihre Morgenländische Gedichte eingewebet;
(vom Blute des unschuldigen Abels, bis auf
das

das Blut des Zacharias, Barachiä Sohn) so kann man sich bei ihren Engeln und Teufeln, und Schlangen und Ungeheuern oft, wenn man gleich nicht als Philosoph lesen will, kaum jener Frage erwehren, die der Cardinal von Este an seinen Ariost that: mein lieber Ludwig, wo habt ihr alle das närrische Zeug herbekommen?

Möchte man doch bedenken, daß der Geschmack der Völker, und unter einem Volke der Geschmack der Zeiten sehr genau seinen Fortgang mit Denkart und Sitten habe; daß also, um sich dem Geschmack seines Volks zu bequemen, man ihren Wahn und die Sagen der Vorfahren studiren müsse; und um auch dem Gott der Zeit ein Opfer zu bringen, man diese und fremde Meinungen nach der herrschenden Höhe des sinnlichen Verstandes passen müsse. Von beiden gebe ich ein Exempel. Der Romanische Geschmack der Spanier und Italiäner ist ein Zweig von dem Aberglauben der Morgenländer, den man ziemlich genau dort aus der Maurischen und hier aus der Saracenischen Ueberschwemmung herleiten kann. Er ward in beiden Län-

Ländern gemein: in beiden vermischte er sich mit dem Gothischen Ritter= und Riesengeschmack: nachher mischte sich der Katholische Hang zu Kreuzzügen, und heiliger Abentheuren dazu! — und nun sehet! wie sehr Lopez di Vega, Pulci, Ariost und Tasso dieses Gemisch zu brauchen gewust; aber freilich zu nichts mehr, und minder, als Nationalstücken. Wer es also beklagen möchte, daß keine solche Morgenländische Invasion nicht auch bei uns den Saamen Poetischer Fabeln gestreut; dem rathe ich, diese dichterische Schweißtropfen der Cultur seines Bodens zu widmen. Er durchreise als ein Prophet in Ziegenfellen, die Mythologien der alten Skalder und Barden sowohl, als seiner eignen ehrlichen Landsleute. Unter Scythen und Slaven, Wenden und Böhmen, Russen, Schweden und Polen gibt es noch Spuren von diesen Fußstapfen der Vorfahren. Würde man, jeder nach seinen Kräften, sorgsam seyn, sich nach alten Nationalliedern zu erkundigen; so würde man nicht blos tief in die Poetische Denkart der Vorfahren bringen, sondern auch Stücke bekommen,

men, die, wie die beide Lettische Dainos, die die Litteraturbriefe* anführten, den oft so vortreflichen Ballads der Britten, den Chansons der Troubadoren, den Romanzen der Spanier, oder gar den feierlichen Sagoliuds der alten Skalder beikämen; es möchten nun diese Nationalgesänge Lettische Dainos, oder Cosakische Dummi, oder Peruanische, oder Amerikanische Lieder seyn. Will aber jemand dies nicht thun, wohl! der bequeme sich nach seiner Zeit, da das Licht der Philosophie die heiligen Schatten der Dichterei vertrieben, und singe für unsern reinen Verstand.

4.

Der Geist der Religion hat sich verändert. In den Zeiten, da die Dichtkunst blühete, herrschte noch eine gewisse wilde Einfalt, nach der Gott auch die Religion einrichtete, die die Bändigerin der damaligen Zeiten war. Ich zeige hiezu nur drei Gesichtspunkte. Sie begriff mehr unter sich, sie hatte einen andern

* s. Litt. Br. Th. 1.

andern Zweck, sie gieng einen andern Weg, als unsere.

Sie begriff mehr unter sich:) Es ist bekannt gnug, daß sie sich ins Detail der kleinsten Gesetze, Veranstaltungen und Ceremonien einließ: daß sie eben sowohl auf den Märkten, als in dem Heiligthum die Theokratie eines Schutzgottes regierte, der Propheten und Dichter und Richter in einer Person aufweckte, und begeisterte. Daher waren alle ihre Poesien heilig; sie mochten Prophetische Gesänge, oder Lasten von Flüchen, oder Trostlieder, oder Gesetze und Sprüche enthalten. Unsere Religion hingegen sondert sich von der Politischen Regierung und den Richterstühlen ab: sie ist nichts minder, als Theokratisch, und der Prophetische Geist schweigt.

Jene hatte einen andern Zweck:) ein wildes ungebildetes Volk im Zaum zu halten, das über den Acker und Landweiden wenig seinen Geist erhob. Hier war eine sinnliche Dichtkunst das Mittel, ihre Seele etwas aufmerksam zu machen. Gesänge von zeitlichem Glück und Unglück, schallten von jenen Bergen Grisim und Ebal: der

größte

größte Theil der Psalmen beschäftigt sich mit dem zeitlichen Zustande des Volks und kann meistens blos durch erbauliche Accommodationen und Katachresem etwas geistliches bedeuten. — Unsere Religion hingegen ist geistig, und mit den erhabensten Zwecken auf eine glückliche Ewigkeit.

Jene war sinnlich und lange nicht so moralisch, als die unsere.) Das Volk war noch nicht zu der feinen Moralität tüchtig, die unsere Religion fodert; es muste also mit sinnlichen Gebräuchen unterhalten werden. Reinigungen und Opfer, Gebräuche und Sazzungen, Priester und Tempel; alles beschäftigte ihr Auge, alles füllete ihre Gedichte mit Anspielungen, die sie darauf ziehen sollten. Die ganze Sprache hat sich also verändert, und beinahe auch die ganze Reihe von Begriffen. Ihr Engel des Todes war nicht unser Teufel: es war ein unmoralisches Wesen, das GOtt sandte; die andern Engel hatten nicht so unabtrennbar einen Begriff der Moralischen Güte mit sich: ihr GOtt selbst muste ihnen in den stärksten Leidenschaften geschildert werden, damit er sie rührte; sie sahen ben auch bei ihren heiligen Gedichten nicht immer darauf, ob jedes Gleichniß tugendhaft und wohlanständig wäre; wenn es nur schilderte — Unsere Religion hingegen ist keine Tochter der Einbildungskraft, sondern eine Schwester der Vernunft und Moralischen Güte. —

Und nun! sind alle Gedichte, die bei ihnen Stücke der Religion waren, es auch für uns? Ich glaube nicht! Und wenn man sie also nachahmen wollte? So müste es seyn, „als „wenn David z. E. christliche Psalmen schrei„ben würde.„ Freilich ist dies der Zweck, der bei Klopstocks Liedern in der Vorrede steht, den aber im Ganzen seine Lieder nicht erreichen möchten. Wirklich etwas zu viel Orientalischer Schaum, und christliche Gegenstände Orientalisch behandelt — Und worinn denn? Ich schäzze diese Lieder sehr, denn sie wirken mehr auf das Herz, als einige andere. Und darnach beurtheile ich den Werth eines Liedes. Aber zu viel Morgenländische, Biblische Sprache, als daß sie immer nach unsern Ideen bestimmt gnug seyn sollte: gewisse Morgenländische Wiederholungen, die statt zu seufzen

jähnen

gähnen machen: und denn nicht die gehörigen Beweggründe und Reizungen zu den Empfindungen, die sie erwecken sollen. Klopstock, der selbst eine Empfindungsvolle Seele zeigt, hat sich gewisse Gegenstände der Religion, insonderheit bei den Martern des Erlösers einige Nuancen so eingedrückt, daß, wenn er auf sie geräth, er sich verweilt, und in Empfindungen ausbricht, die er bei dem Leser nicht gnug vorbereitet hat: und bei denen also mancher nichts empfindet. Wenn unsre ganze Einbildungskraft in Arbeit ist: so kann sich aus dem ganzen rührenden Gemälde ein Zug (nicht immer der bedeutendste) am tiefsten eindrucken, der nachher jedesmal das ganze Gemälde zurückbringt, und also auch durch die Einbildungskraft die ganze Empfindung wieder aufregt — aber dies lezte geschieht bei einem fremden Leser, nicht durch den einzelnen Zug, sondern durch das treue Ganze, das man ihm also vormalen muß. Um dies mit einem Beispiel zu beweisen: so habe ich einen frommen redlichen Greis gekannt, der in seinen lezten schwachen Jahren bei seinem Unterricht und Gebeten nie so

sehr

sehr bewegt wurde, als wenn er auf den Zug im Leiden Jesu stieß: er hieng (nach seinen Provinzialismen) Mutter-Faden-nackt am Kreuz; bei diesem an sich unwichtigen Umstande, der sich aber seiner Phantasie in den ersten Jahren vorzüglich eingedruckt hatte, stand er stille, ergötzte und beruhigte er sich, da sein Zuhörer indessen jähnte. — Uebrigens weiß Klopstock die menschliche Seele genau zu treffen; manche Gesänge sind Muster einer stillen andächtigen Empfindung, insonderheit wenn sie zu den sanften gehört, und nichts glückt ihm mehr, als seine Todesbetrachtungen.

Es ist mir lieb, daß ich über viele ältere biblische Gedichte nicht urtheilen darf; was hat man nicht aus vielen Charakteren gemacht? Ein völliges lächerliches Unding, das dem Charakter seines Volks, seiner Zeit, und seiner Religion widerspricht. Gerade, wie diejenigen, die eine ganze Straße niederreißen, um darauf einen einzigen Pallast zu bauen; die nichts darnach fragen, wie viel andre sie umbringen; zufrieden, wenn sie ohne alle Rücksicht auf Mütter, Weiber und Kinder, auf
Nation

Nation, Zeit, und Geschmack einen Menschen darstellen können.

> Compos'd of many ingredient Valours
> Just like the Manhood of nine Taylors,
> wie Hudibras singt.

5.

Ueberhaupt hat sich die ganze Poetische Sphäre bei beiden Nationen geändert. Die gesittete Freiheit, in der wir leben, läßt Künste und Wissenschaften blühen; die etwas rauhere, die mit Gährungen des Staats, und mit Unterdrückungen kämpft, läßt, wie bei den Römern und Griechen, die Beredsamkeit ihre Wunder thun; aber wilde Einfalt ist das Feld der Dichter. In dieser haben die Hebräer sehr lange gelebt, beständig treu dem Ackerbau und der Viehzucht, den sinnlichen Begriffen, und ihrem Vaterlande: nie hat also die Zeit der Beredsamkeit ihre Blüthe erreichen; ja die Periode der Weltweisheit kaum anbrechen können.

Daß

Daß die Hebräer nie große Redner gehabt haben, beweiset der Herausgeber des Lowth in seiner Vorrede; der überhaupt durch seine Noten und Epimetre mehr als Lowth selbst geworden, und viele Dinge hingeworfen hat, die durchaus verdienen angewandt, erklärt und fruchtbarer gemacht zu werden. Wir können also nach einem Jesaias ohnmöglich unsre große Redner bilden.

Nie haben sie also auch einen völlig ausgebildeten Rednerperioden gehabt; ihre Poesie hat einen Rhythmus, den die Chöre und Jubelsprünge gebohren haben, der von zu starker Declamation war, als ein Sylbenmaaß zu halten, der durch Musik und Tanz belebt wurde. Welch ein Unterschied ist es nun, in einer durchaus Prosaischen und Philosophischen Sprache, deren Accente lange nicht so tönend sind, wo man schreibt, gelesen zu werden, wo, wenn die Musik sich mit der Poesie verbindet, jene die herrschende wird, in dieser Sprache eine Orientalische Poesie durch Poetische Prose nachzuahmen; die unsrer Sprache Gewalt anthut. Inter mulierum saltantium choros adoleuit poesis orientalis:

lis: carmina rarius scribebantur, recitabantur cantabanturque frequentius. — —
Inter saltantium choros, non semper pios, natam poesin Hebraicam dixerim, cum motum corporis canticis haecque illi accomodarent: cui poesis origini versuum parallelismos acceptos fero. Nun bleibt es doch wohl immer unnatürlich, Lieder, die dort nach lermenden Chören eingerichtet waren, wie sie sind, nachahmen zu wollen, und sein eignes Chor zu seyn.

6.

In der Poesie wird vieles von der Sprache bestimmt: und ich glaube, aus diesem Unperiodischen Melodischen der Hebräischen Gedichte zum Theil den kurzen Parabolischen Ton erklären zu können, der Weisheit in ein Bild kleidet, ohne dies Bild auszuputzen, und Periodisch ordnen zu wollen. Nein! kühne Vergleichungen, und wenig ausgeführte Gleichnisse; aber desto öftere Wiederholung desselben Bildes, desselben Gleichnisses.

In keiner hohen Ebräischen Ode findet man
den abgemeßnen Schwung, der eine Griechische, und noch mehr eine Römische charakterisirt: in keiner die ausgemalten Pindarischen
Bilder, die hier immer Stückweise erscheinen,
abbrechen und wieder kommen: in keiner Ele-
gie, die dämmernde Stimme, die durch ihren
sterbenden Fall, und anhaltendes Wimmern,
allmählich rührt: — überall mehr der wiederholte Schlag, der eine Saite des Herzens
nach der andern plötzlich trift, und eilt, um
eine andre zu treffen. — Man hat diesen
Innern Charakter aus ihrer Hitze der Einbildungskraft herleiten wollen; allein ein Hu-
rone in einer unperiodischen Sprache muß so,
wie sie, singen.

Wir aber, in einer Periodischen Sprache.
Wir müssen also jene zerstückte Bilder, die
sich wiederholen, zu einem Ganzen ordnen,
und sie in einem gebildeten Poetischen Perioden mehr in der Perspektiv eines Gleichnisses
zeichnen; der uns eigne Poetische Ton malt
überdem sonst mehr Begriffe als Bilder, und
unsre selbst Dichterische Gleichnisse zeigen sich,
nach jenen zu rechnen, mehr in dem Lichte ei=
nes

nes Beweises. Ein Muster der Nachahmung hierinn ist der Klopstockische Psalm auf den König von Dännemark. Wirklich die Hebräische Zerstückung der Sprache, und doch die Griechische Zusammensetzung der Bilder; hie und da kleine Wasserfälle; doch aber bleibts immer ein sanfter Strom, der über klare Steine rollet. Ein Gemälde, ein Wort entwickelt sich aus dem andern, und macht es vollkommner; — Vielleicht Klopstocks schäzbarstes Lyrisches Stück! Eben so weiß er, in seinen Kirchenliedern oft den Orientalischen Parenthyrsus zu Kirchencadenzen herunter zu stimmen, und im Meßias ist sein Wechselgesang zwischen Mirjam und Debora schön; Orientalisch in Sprache und Bildern; und Deutsch in der Anordnung derselben.

Man erinnere sich aus meinem vorigen Fragmente, daß der Reichthum einer Sprache sich gleichsam mit der Haushaltung der Menschen verändere, daß uns unser Wohlstand viele Freiheiten entzogen, die jene genossen; daß unser Stadtleben es nothwendig verhindert, daß unsre Poesie nicht Botanisch seyn kann, wie Michaelis die Morgenländische nennet, daß unsere Politische Wörterbücher unserer sinnlichen Sprache Würde entzogen haben u. s. w. man erinnere sich dessen, und vergleiche den Charakter unsrer Sitten und Zeiten mit jenen, so wird man finden:

Der Poetische Sinn ist nicht mehr derselbe. Jener wirkte schnell und heftig; nicht aber eben zart und dauerhaft. Die Saite ihrer Empfindung des Poetisch Schönen (ich will nicht wie Montesquieu bis auf ihr Faserngewebe, und auf das Temperament ihres Klima zurückgeben) wird ihren Sitten und Zeit gemäß heftig getroffen, und bald verlassen. Unser Poetischer Sinn ist mehr langsam und überlegend, als brausend. Selbst das sanfte Griechische Gefühl wird unter unserm Himmel nicht reif; wie sollte er denn die übermäßig frühzeitigen Früchte der Morgenländer reifen? Unsre Saite der Poetischen Empfindung giebt nach: wir bleiben kälter, als die Griechen mit zarten, oder die Morgenländer mit heftigen Sinnen: wir bleiben selbst im Poetischen Fluge, wie die Strauße dem Boden des Wahren treuer, und kommen

zur

zur Rührung oft durch den Weg der Ueber=
legung.

Ahmen wir also nach, wie es uns gefällt:
so wird vielleicht ein unpartheischer Fremder, der den Orient kennet, ohne ihn von
Jugend auf, blos als ein Erbstück der Religion zu kennen, der Geschmack gnug hat,
um unsre Nachahmungen mit jenen Originalen zu vergleichen, vielleicht folgenden Charakter angeben:

„Die Morgenländischen Werke des Genies
„zeichnen sich aus, durch den hohen Ausdruck
„einer Einbildung, die Erdichtungen liebt,
„Sittensprüche in Figuren, Bilder und Schat-
„ten einhüllet, die nicht blos auf Flügeln der
„Morgenröthe bis an die Gränzen der Natur
„aufschwinget, sondern sich oft über diese
„Gränzen wagt, und im Reich des Unnatür-
„lichen, aber wunderbaren Chaos umherirret.
„Die kältern vernünftigen Deutschen haben
„dieser brennenden Phantasie sich nachschwin-
„gen wollen, mit Flügeln, die ihnen die Na-
„tur nicht gab, wie Horaz vom Dädalus sin-
„get: sie zeichnen fremde, oft unverstandne,
„und wenigstens zu entfernte Bilder: ihre

Q 4 „ge-

„geborgte Erdichtungen sind Geschöpfe ohne
„Erde: ihre nachgeahmte Empfindungen keine
„Empfindungen: der Ausdruck erreicht sein
„Original oft nur, wo es sich dem Uebertriebe-
„nen nähert.„ Ich habe viel gesagt: den Beweis überlasse ich einem jeden, der Morgenländische Gedichte zu lesen weiß.

7.

Elend nachahmen sollen wir also gar nicht,
und ein Hudemann ist in seinem Lucifer
und in seinem Tode Abels der Bemerkung
und der Aergerniß unwürdig — aber wie
können wir uns von solchen Hudemanns
befreien? Wenn wir uns aufmuntern, die
Morgenländischen Gedichte, als Gedichte zu
studiren, erklären zu lernen und bekannt zu
machen. Unmöglich können wir sie überse-
zen, und nachahmen, ehe wir sie verstehen,
und die Morgenländische Philologie, die in
unserm Deutschlande seit einiger Zeit blühet,
wird, wenn sie sich mit Geschmack vereinige,
schlechte und dumme Nachahmer zerstreuen.

Der

Der beste Uebersezzer muß der beste Erklärer seyn; wäre dieser Sazz auch umgekehrt wahr: und wären beide verbunden: so würden wir bald ein Buch hoffen können, das so hieße: „Poetische Uebersezzung der Morgen„ländischen Gedichte; da diese aus dem Lan„de, der Geschichte, den Meinungen, der Re„ligion, dem Zustande, den Sitten, und der „Sprache ihrer Nation erklärt, und in das „Genie unsrer Zeit, Denkart und Sprache „verpflanzt werden.„ In der Vorrede würde man mit Recht sagen können: „Diese „Uebersezzung hat nothwendig das schwerste „und mühsamste Werk seyn müssen, zu dem „in der Erklärung, die Bemerkungen einiger „wenigen Philologen von Geschmack, und in „der Uebersezzung die Cramerschen Psalmen „nichts als kleine Beiträge haben seyn kön„nen, oft um uns zu helfen, Gesichtspunkte „zu zeigen und behutsam zu machen. Allein „wir halten es auch für eine Originalarbeit, „die mehr Einfluß auf unsre Litteratur ha„ben kann, als zehn Originalwerke. Sie „unterscheidet die Gränzen fremder Völker „von den unsrigen, so verwirrt sie auch laufen

„mö-

„mögen: sie macht uns mit den Schönhei-
„ten und dem Genie einer Nation bekannter,
„die wir sehr schief ansahen, und doch von
„Gesicht kennen sollten: sie ist ein Muster
„einer Nachahmung, die Original bleibt.
„Sollte sie also auch nicht das Glück haben,
„neue und wirklich neue Genies zu erwecken:
„so wird sie doch wenigstens den Nach- und
„Nebenbuhlern ausländischer Götzen eine
„Wand von Dornen vorziehen, daß sie ih-
„ren Steig nicht finden. Sie wird sie er-
„greifen, zurückreißen, und sagen: Siehe
„hier deine Natur, und Geschichte, deine
„Götzen und Welt, deine Denkart und Spra-
„che: nach diesem bilde dich, um der Nach-
„ahmer dein selbst zu werden. Und willst du
„von einer der vorzüglichsten Nationen ihre
„Schätze nützen: siehe hieher! Ich suche
„dich mit der Kunst bekannt zu machen, wie
„sie Geschichte und Religion in Gedichte zu
„wandeln wußten; raube ihnen nicht das Er-
„fundne, sondern die Kunst zu erfinden, zu
„erdichten, und einzukleiden!„

Wo ist ein Uebersezzer, der zugleich Philosoph, Dichter und Philolog ist: er soll der
Mor-

Morgenstern einer neuen Epoche in unsrer Litteratur seyn! Aber leider! Arabische Wurzeln wachsen gern auf dürrem Grund und Boden: ich werde vielleicht ein pium desiderium hingeschrieben haben. Es sey! Vortheil gnug, wenn dies mein Fragment nur einem einzigen Schriftsteller die Feder aus den Händen windet, wenn er uns neue Heldengedichte im Orientalischen Geschmack liefern will! Vortheil gnug, wenn es einen einzigen Hexametristen vermöchte, sein Gedicht nach den vorgelegten Gesichtspunkten zu verbessern; Auch schon Vortheils gnug, wenn es einen Kunstrichter bildete, über Werke dieser Art besser zu urtheilen.

Ich kann nicht wichtiger schließen, als wenn ich das erhabenste Orientalisch-Deutsche Werk: den Meßias, kritisch prüfe, über den man, wie ich glaube, noch nicht eine so genaue Untersuchung hat, als es dieses große Stück verdient. Einige haben nicht über ein Fragment * urtheilen wollen, weil es noch kein Ganzes wäre! Wunderbar!

Kann

* Th. 19. p. 155 ꝛc.

Kann ich denn nicht über den Geist der Theile, über jede Erdichtung in demselben, als über ein Ganzes urtheilen, ohne ein Prophet seyn zu dürfen, oder dem Verfasser Unrecht zu thun?

Ueber Fragmente, denke ich, soll man am ersten urtheilen, um dem Verfasser zu helfen, oder wenigstens seine Stimme auch zu geben; dadurch, und dadurch allein arbeitet ein Künstler vor den Augen des Publikum: er hat ein unvollendetes Tagewerk hingestellt, und steht hinter demselben, um nach den Urtheilen der Kenner begangene Fehler zu verbessern, und künftigen zuvorzukommen. Hätte Klopstock, gleich im Anfange, statt eines posaunenden Lobredners, einen Kritischen Freund gefunden: hätte er nicht gleich so viel blinden Beifall, und noch blindere Nachahmung gesehen? vielleicht würde manches in seinem vortreflichen Gedicht noch vortreflicher seyn.

Aber so gehts! Ueber kleine Geister, über Lehrlinge und Gesellen, die Versuche machen, sind Kunstrichter gleich in Menge da; sie sind Fliegengötter, auf die auch immer die Variante dieses Namens (Beelzebub und Beelzebul) passen mag! Aber es tritt ein Genie auf,

auf, wie Pallas aus dem Gehirn des Jupiters! „Sogleich erbebt von ihrem mächtigen „Geschrei der Himmel und die Mutter Erde: „Apoll, der Erleuchter der Menschen, be„fielt ihnen das nützliche Geschäft an, der „Göttin zuerst einen Altar zu bauen, und „durch ein heiliges Opfer den Vater Zevs „und seine gewafnete Tochter zu ergötzen!„

Freilich urtheilten auch viele, wie jener Schuster am Bilde Apelles: allein die rechne ich nicht: sie hätten schweigen sollen: auch Klopstock hat sie nicht gerechnet. — „Und „wird er deine Anmerkungen rechnen?„ Das weiß ich nicht: aber menschlich und billig aufnehmen, das wird er. Jeder urtheilt, was seine Augen sehen.* Die meisten aber sehen doch einerlei. Sollte also auch mancher Klopstockianer mir entgegen rufen, was Nicomachus dort zu jenem sagte, der das Bild der Helena, von Zevres gemalt, tadelte: „Nimm meine „Augen: und sie wird dir eine Göttin schei„nen!„ Ich schreibe doch, vielleicht, was viele bei sich gedacht, oder gar ein Genie,
das

* Th. L 10, 13, 16, 17.

das sich bei Klopstocks Messias so findet, als Alexander am Bilde Achills, was dies Genie schon dunkel in seiner Seele fühlet.

Wer könnte die Jüdische Seite dieses Gedichts am besten beurtheilen? Ein Rabbi, der für sein Volk Patriotismus, Känntniß seiner Gebräuche, und eine Morgenländische Einbildungskraft hätte! Und wer die Christliche Seite? Ohne Zweifel ein Christ, der für seine Religion Patriotismus, Känntniß ihres Umfanges, und Christliche warme Empfindungen besäße! Beide können sich widersprechen, von entgegengesetzten Seiten die Sache betrachten, um das Urtheil einigermaßen vollständig zu machen. Ich lasse sie sprechen!

Gespräch
zwischen einem Rabbi und einem
Christen
über Klopstocks Meßias.

Der Rabbi.

Ich habe Ihr Verlangen erfüllt, und Klopstock gelesen! Ich habe ihn zweimal und mit neuem Vergnügen gelesen. Kaum hätte ich einem Nördlichen Deutschen die reiche Morgenländische Einbildungskraft zugetrauet, die er bewiesen.

Der Christ. Nun! habe ich also nicht Recht, daß er auf Deutscher Erde ein Orientalisches Denkmal gebauet hat, das die Ehre unserer Nation wäre, wenn es vollendet würde?

Rabbi. Allerdings: und daß er sich über die Mythologie der Griechen so glücklich zu schwingen gewußt: fodert viel Genie!

Christ. Und daß er überall aus sich selbst die Lücken hat ausfüllen können, um aus einer kurzen Geschichte, Gedicht, Epopee, und
eine.

eine christliche Epopee zu machen — fodert noch mehr!

Rabbi. Nicht ganz aus sich hat er sie ausgefüllet: die Heilige Geschichte liefert ja dazu Stof gnug; ich wünschte also, daß er diesen Stof mehr gebraucht hätte; auch einige Rabbinische Züge hat er glücklich anzuwenden gewußt und —

Christ. Nur nicht, daß diese Anwendung auf Kosten seiner Originalerfindung gehe. Auch aus Milton hat er Züge genommen: wer sie aber so glücklich wie er nimmt, und anwendet, hat sie selbst erfunden.

Rabbi. Wir scheinen ohngeachtet unsers verschiedenen Gesichtpunktes so ziemlich ähnlich zu sehen; einmal haben sie schon mein: Ich wünschte! gehört, das zweitemal es unterbrochen — wollen wir uns nicht näher unsre Zweifel sagen?

Christ. Eben das habe ich von Ihnen erwartet: bei einem Meßias muß man sich nicht bloß vergnügen, sondern auch unterrichten. Dazu hat der Verfasser seine Abhandlung von der heiligen Poesie vorausgeschickt.

Rabbi.

Rabbi. Nicht völlig dazu! wenn wir sie zum Maaßstabe des Meßias annehmen müßten, so hätten wir die Richtigkeit dieses Maaßstabes vorher selbst zu prüfen. Klopstock sagt so hier, als in allen seinen Prosaischen Discoursen viel; aber immer bleiben auch Unterscheidungen, Bestimmungen, Zusäzze für den Leser übrig.

Christ. Gut! so wollen wir die Prüfung frei vornehmen: begegnen wir uns mit dem Verfasser manchmal: um so viel besser! haben wir etwas gegen ihn, den Kritiker: so wollen wirs auch nicht verschweigen.

* * *

Rabbi. Nun dann! Kommt Ihnen ein Meßias, wie der seinige, wohl als ein rechtbehandeltes Sujet zur Tragischen Epopee vor? Mir nicht! Die Wuth seiner Feinde wäre ein Unding, wenn er in dem Glanze völlig gewandelt hätte, in dem ihn K. erblicket. Hätte er ihn nicht in Umstände sezzen sollen, wo man sein Verhalten gegen die Feinde selbst sähe? aus dem sie, seiner Unschuld unbeschadet, einigen Schein zur Wuth gegen ihn,

R um

um das ganze Volk aufzubringen, ziehen könnten. Was Jesus ihnen ärgerliches gethan hat, wird erzählt, nicht aber im Anfange des Gedichts handelnd zum Grunde gelegt: so sehen wir Effekt, ohne die Ursache selbst gesehen zu haben: der Epopee entgeht etwas an Poetischer Wahrscheinlichkeit.

Christ. Ich gebe Ihnen einigen Beifall, aber aus andern Gründen. Der Meßias erscheint nach den Weißagungen des A. und den Erzälungen des N. Testaments viel menschlicher, als ihn K. malet. Die Epopee fodert nicht ein Ideal, was übermenschlich wäre, sondern was die höchste Rührung verursacht: nun entgeht aber dem Gedichte des K. viel von diesem Leben, weil wir den Heiland zu wenig menschlich sehen; und es bleibt doch immer wahr; nichts bewegt eine menschliche Seele, als was selbst in ihr vorgehen kann. Sähen wir öfter unsern Bruder, den grösten Menschenfreund: so würde dies eher das Ziel erreichen, „die „ganze Seele zu bewegen und jede Saite der „Empfindung zu treffen.„

Rabbi.

Rabbi. Wie? wenn unser Jesaias den Messias gesungen hätte? — Warum hat K. nicht mehr den erhabnen Prophetischen Ton ins Epische umgestimmt? Hat er wohl durchgängig den Geist, der die Haushaltung des ganzen A. Testaments belebte, angewandt, da Jesus doch einem Volke erschien, das ihn unter diesen Bildern erwartete? Gesezt, sein Messias wäre der Vorausverkündigte; so zeige ihn auch K. in diesem ganzen Lichte.

Christ. Hätte unser Johannes, der ihn bis an seinen Tod begleitete, und sein Plato ward, mit dem feurigen Pinsel der Apokalyppse ihn schildern wollen; so hätte er ihm so viel individuale Bestimmung gegeben, daß jeder ruffen müste: „das ist er! Johan„nes hat ihn gesehen!„ Nun hat ihn freilich K. nicht gesehen; aber als Schöpfer hätte er ihm Wesen und Leben geben sollen: „Der „Dichter studirt den Grundriß seiner Ge„schichte, malt ihn nach den Hauptzügen „aus, die er in ihm gefunden zu haben „glaubt, und muß uns durch seine mächti„gen Künste dahin bringen, daß ich zu der „Zeit,

„Zeit, da ich ihn lese, und auch noch län-
„ger, vergesse, daß es ein Gedicht ist.„

Rabbi. Wenn der Schauplatz und die meisten Auftritte in einem Christlichen Gedichte nicht recht Jüdisch sind: so wundere ich mich nicht eben; ein Christ, wie die meisten sind, halten unsern Staat, Sitten und Gebräuche für zu niedrig, als sie zu studiren, und sie müssen doch studirt werden, weil sie von dem Geist der heutigen Zeit sich so weit entfernen. Aber Klopstock, der wider dies Jüdische Costume nie offenbar handelt, und der es oft in seinen Zügen bemerkt, diesem wünschte ich, daß er Nationalgeist und Jüdische Laune durchgängig in sein Ganzes gebracht hätte. Dazu gehört viel, aber das zeigt von Genie und zaubert uns mitten unter andre Völker.

Christ. Mir ist eure Pünktlichkeit und euer Talmudischer Stolz in Cerimonien zu fremde, um darüber urtheilen zu können; aber was sollte sein Meßias eher und würdiger seyn: als ein Lied des Ursprunges unsrer Religion. Jeder Christ fodert es, und kann es fodern, daß sein Meßias als
ein

ein Gesandter Gottes erscheine, der ganz und gar mit dem großen Gedanken sich beschäftige, über die Völker zu herrschen; daß sein Erlöser als ein Prophet erscheine, der der Welt Licht und Freiheit und Seligkeit gebracht hat, der jetzt seine angefeindete Lehre mit Märtrerblut besiegelt, und mit diesem Blut des neuen Bundes in den Himmel geht, um König über ein neues Reich der Gnade zu seyn. Bei seinen letzten Augenblicken sollte es ihm mehr am Herzen liegen: „was seine Heerde, „seine Brüder, seine Familie um ihn und „für ihn leiden würden!" Wenn der heilige Dichter in seiner Art das thut, „was ein „andrer thut, der aus den nicht historischen „Wahrheiten der Religion, Folgen herleitet; wenn „unsre Lehrbücher aus der Religion „ein Gerippe gemacht haben:* so sollte jener „der Offenbarung folgen, um sie in einem „gesunden männlichen Körper darzustellen." Alsdenn muß Klopstocks Meßias die Pflanzung der Kirche, mit ihren Schicksalen und Wanderungen mehr im Auge behalten, als

Vir-

* s. Klopst. Abhandl. von der heil. Poesie.

Virgil die Gründung des Römischen Volks und Kaiserthrones behalten konnte: dadurch eben bekam es bei einem Römer, bei einem August und Oktavia Interesse.

Rabbi. Und denn hätte K. seine Apostel nicht sowohl nach seinem weichen Herzen, als liebe gute Jünglinge malen sollen: sondern ihnen mehr mit großen Fehlern auch das Große göttlicher Propheten geben ---

Christ. Oder sie wenigstens als Schwache malen sollen, die einst zu Säulen der Kirche bestimmt sind, und bei denen er wenigstens die Anlage zu ihrer künftigen Größe im Vorgrunde zeichnen sollte.

Rabbi. Aber überhaupt! ist in seiner Epopee zu viel Gerüst und zu wenig Gebäude; zu viel Rede und zu wenig Handlung. Wie vieles davon kann man wegnehmen, ohne Schaden, ja vielleicht zur Schönheit des Ganzen. Euer Jesus wird entweder über der Menschheit geschildert, oder mit dem vollen weichen Herzen, das da spricht, und duldet, aber zu wenig handelt. Wer ihn nicht zum Voraus aus den Evangelisten kennet: wird ihn aus diesem

Gedicht

Gedicht nicht in seiner ganzen Größe kennen lernen.

Christ. Vielleicht haben Sie noch zu viel Geschmack an dem Parenthyrsus in Bildern, den man Ihrer Nation vorwirft; vielleicht ist die Hoheit Jesu mehr eine stille Größe! Nur freilich dörfte sich diese mehr im Antlitz, in Minen und Gesprächen, als in den menschlichen charakteristischen Handlungen zeigen, die eben nicht Wunder seyn dörfen.

Rabbi. Sind nicht seine Engel größtentheils das im Gedichte, was sie in den Kupfern sind: weibische, zarte, liebe Knaben, die schweben, und umherflattern, ohne recht in den Kerninhalt des Stücks eingeflochten zu seyn: Maschinen, die ihr Poetischer Schöpfer nicht zu brauchen weiß. Wenig von dem Hohen, was ein Engel hat, wenn er nach dem A. T. auch nur der Fürst eines Elements, der Regent eines Landes, und der Statthalter Gottes in einem wichtigen Auftrage ist.

Christ. Freilich macht K. zwar einen Unterscheid, „zwischen einem Gedicht, das aus „gewissen Geschichten des ersten Bundes ge-
„nom-

„nommen würde,‟ und einem, so das Innre
„der Religion näher angeht, und zwar einen
„Unterschied in Absicht auf die Weltlichkeit,
„wie er's nennet:‟ allein dem unbeschadet
kommt es mir vor, daß er bei dem Innern
zu sehr das Aeußere vergessen, und da er sein
Hauptaugenmerk nur immer auf Moralität
gerichtet, es mit seinen Engeln manchmal
vergißt, was er selbst sagt:[*] „Ein Engel
„soll mehr als ein Jupiter seyn, der eben
„gedonnert hat.

Rabbi. Ueberhaupt hat K. das System
des alten Bundes bei seinen Engeln beinahe ganz verändert, und wirklich zum Schaden eines sinnlichen Gedichtes, das sich dem
Orientalischen Geschmack bequemen soll.
Er meine, „man müsse der Religion, nicht
„aber der Schreibart der Offenbarung nach-
„ahmen; es sei denn die Propheten, so
„fern ihre Werke Meisterstücke der Bered-
„samkeit sind.‟ Sind ihre Werke Beredsamkeit, so sind sie gewiß nicht Meisterstücke; als Meisterstücken alter Orientalischer Gedichte hätte er ihnen nachahmen sollen;

[*] Nord. Aufseh. Th. 3. St. 110.

len, sonst ist sein Gesichtspunkt ganz verwerflich.

Christ. Und seine Hölle! — Immer wird es mir schwer, blos reine Geister zu gedenken (die wenigstens nicht so sinnlich als wir sind), die aus einem innern giftigen Principio des Neides, gegen einen Gott, den sie zu sehr kennen, und gegen einen Meßias, von dem sie zu wenig wissen, aus Grundsäzzen, so unvernünftig und ohne wahrscheinlich gemachte Triebfedern so boshaft handeln werden. Alles, wozu er jetzt die Teufel braucht, hätte er aus der menschlichen Seele und das mit mehrerer sinnlichen Rührung hervorwickeln können.

Rabbi. Aber er wird sie brauchen, um den Triumph Jesu über sie zu zeigen. Aber um eben diesen zu zeigen, hätte er sie mehr sollen unternehmen lassen. Zu der Poetischen Bosheit, die er ihnen beilegt, gehört auch mehr Klugheit und Sphäre zu wirken; Und die legt ihnen unser Gesez auch immer bei. Das wäre ein Triumph, wenn der Teufel mehr der Gott dieser Welt, der Herr der Elemente, der Gewalthaber über

über Tod und Unglück wäre (wie ihn doch das A. T. und selbst die Meinungen des damaligen Zeitpunkts darstellen), den nachher Jesus überwände.

Chrift. Hier hätte kein Milton vor K. seyn sollen; so wäre die ganze Hölle nach andrer Bauart angerichtet; nicht im Anfange so prächtig eröfnet, um immer Episode zu bleiben; nicht so viel Himmel und Gesandschaften. K. zeigt gegen den Britten was ein Philosoph mit Grunde behauptet: „Wenn ein Engländer und Deutscher das „Erhabne schildert; wird jener es furchtbar „und schreckhaft zeichnen; dieser aber auf die „Pracht verfallen."

Rabbi. Ueberhaupt hätte Klopstock sich mehr nach Nationalmeinungen, dem Poetischen Sinn des A. T. und dem Geschmack der damaligen Zeit Mühe geben sollen. Befriedigen hat er eure Orthodoxie doch nicht können, und warum hat er sich denn nicht einige Schritte weiter von ihr entfernen wollen, der Poesie wegen. Sagen Sie mir es, Chrift! mit einem Worte: „wozu „leidet K. Meßias?" mit einem Worte?

Sie

Sie sind wirklich in Verlegenheit! — Sein Leiden vor Gott * ist mir nicht sinnlich begreiflich gnug; und dies ist doch der Mittelpunkt seines Gedichts.

Christ. Das war freilich auf gut Jüdisch! Aber mein Heterodoxer Rabbi erinnern Sie sich an jenes: Ne vltra! — Es mag immer wahr seyn, daß K. oft das Erhabene und Moralische auf Kosten des Episch rührenden treibt; aber das ist schon theils die Schwäche, theils die Mode unsrer Zeit, oder beides zusammen. Wer kann davor, daß K. es für den lezten Endzweck der höhern Poesie hält, nicht „alle unsre sinnliche „Kräfte zu bewegen,„ sondern „die mora„lische Schönheit. „ Sie sey das wahre Kennzeichen des Werths von jener.

Rabbi. Ja! des sittlichen Praktischen, nicht aber des dichterischen Werths; ein Kennzeichen der Güte freilich; nicht aber der Schönheit und der höchsten Schönheit. Ueberhaupt verdient in vielen Stücken die Klopstockische Abhandlung von der heiligen Poesie

* s. Meßiade 5. Ges.

Poesie gründlich geprüft zu werden; und vielleicht sage ich Ihnen ein andermal meine Gedanken darüber!

Chrift. Und vielleicht zeige ich Ihnen künftig den Grundriß, den ich bei dem dritten Lesen des Meßias entworfen. Jezt haben wir nur immer Abwege oder Lücken, Fehler oder Schwächen gezeigt; mehr kann die Kritik nicht; aber das Genie ists, was jene Abwege und Fehler vermeiden, und auch Lücken und Schwächen vollfüllen muß.

Rabbi. Desto lieber für mich, wenn ich Ihren Embryon vom Plan sehe! Vielleicht hat er mit den Fehlern auch die Schönheiten K. vermieden, unter denen seine Fehler ganz verschwinden. Nirgends ist K. größer, als wenn er, ein Kenner des menschlichen Geistes, jezt einen Sturm von Gedanken und Empfindungen aus der Tiefe der Seele holt und ihn bis zum Himmel brausen läßt: Wenn er einen Strudel von Zweifeln, Bekümmernissen, und Aengsten erregt; wie Philo, der verzweifelnde Ischarioth, Petrus und insonderheit das große Geschöpf seiner Phantasie Abandonna zeigt.

Chrift.

Chrift. Und im Zärtlichen sieht man K. immer sein Herz schildern: Benoni, Lazarus und Cidli, Maria und Porcia; Mirjam und Debora; alles vortrefliche und liebenswürdige Scenen. Ueberhaupt würde unser Gespräch, wenn es die Schönheiten aus einander sezzen wollte, sehr spät zu Ende kommen; alles, alles ist bei K. in Theilen schön sehr schön, nur im Ganzen nicht der rechte Epische Geist.

Rabbi. Mir ging es eben so! So lange ich las, hatte ich sehr selten eine Kleinigkeit wider K. Hätten Sie mich damals um mein Urtheil gefragt; so würde ich schwerlich haben richten können, weil ich mich ergözte, weil ich empfand. Freilich aber kam mir nachher das Ganze —

Chrift. Wir vergessen aber, daß dies Ganze nur noch Fragment ist.

Rabbi. Nun dann! so wünsche ich ihm eine solche Vollendung, als der Sohar vom Liede der Lieder sagt: „an dem Tag, da es „vollendet ist, ist die Vollkommenheit und „Schönheit selbst geboren!„

Von der Griechischen Litteratur in Deutschland.

I.

(Wie weit kennen wir die Griechen?)

Die Griechen, die Lieblinge der Minerva, haben sowohl in der Kunst, als in den schönen Wissenschaften mit solchem Glück gearbeitet, daß das Ideal ihrer Werke und die schöne Natur selbst, beinahe ein Bild ausmachen sollen. Wie Thucydides die Stadt Athen, das Museum und Prytaneum der Griechen nannte: so ist aus Griechenland der Tempel und Hain der schönen Natur geworden, aus dem die meisten Nationen Europens, die nicht Barbarn geblieben, Gesetze und Muster bekommen haben.

Hier floß der Pierische Quell, aus dem Homer trank, und der Ungeweihten einen bloßen Schauder einjagt: hier rauschten die Thyrsusstöße Dithyrambische Begeisterung in die Vertrauten des Dionysius: hier tanzten zen Nymphen und Gratien um ihren Anakreon: Olympische Kränze fließen um die Scheitel der Sieger, und ihr Laub hüpfet nach dem Dorischen Saitenspiel Pindars: hier wetteifern Theokrits Schäfer, und lauschend entkleidet die ganze Natur ihre Schönheit: hier tanzen die Chöre des Sophokles: hier das Odeum, die Gefilde der Musen —

    Odi profanum vulgus et arceo
    Fauete linguis! Carmina non prius
    Audita Musarum sacerdos
    Virginibus puerisque cantat!

Ja sie sind der Nachahmung werth, die Griechen mit ihrem feinen Poetischen Sinne: sie, deren schönes Ideal ein Abglanz der Natur ist, wie die Sonne sich im klaren Bache spiegelt; deren dichterischer Grundriß von der Göttin Evnomia gezeichnet, und von ihrer Tochter, der himmlischen Gratie, ausgemalet worden: deren Bilder sich in den Glanz der Morgenröthe hüllen: deren Mund Melodie spricht, und deren stolzes Ohr Bilder siehet — sie sind der Nachahmung werth.

                             Aber

Aber ehe wir sie nachahmen, müssen wir sie erst kennen. Wo sind die Lieblinge der Muse, die die Griechischen Blumen und Früchte auf den Boden Deutschlands zu verpflanzen suchen? Welches sind die Schuzengel der Griechischen Philologie? — Der unsterbliche Geßner: Ernesti: und Klozz: ich will nur diese drei nennen, die viele Verdienste haben, die Griechen unter uns bekannter zu machen; aber meistens für das Große in Deutschland, blos durch Ausgaben. Der erste ist Deutschland leider entrissen: der zweite hat sich nach den Fußstapfen des erstern, den Weg kritischer Genauigkeit gewählt; und arbeitet in andern Bezirken: der dritte, von dem Deutschland noch weit mehr erwartet, als er geliefert hat, ist ein feiner Kenner der Griechen, ein genauer Kunstrichter, er hat Verdienste durch seine Ausgaben, und durch seine Urtheile; aber wie gerne wünschet man mehr eigne Arbeiten von ihm, über die Griechen.

Wo ist ein Schuzengel der Griechischen Litteratur in Deutschland, der an der Spizze von allen, zeige, wie die Griechen von Deutschen

schen zu studiren sind? Studiren heißt freilich zuerst den Wortverstand erforschen, und das so gründlich, als es zu folgenden Stücken gehört: man suche aber auch mit dem Auge der Philosophie in ihren Geist zu blicken: mit dem Auge der Aesthetik die feinen Schönheiten zu zergliedern, die den Kritikern sonst gemeiniglich nur im Uebermaas erscheinen, und denn suche man mit dem Auge der Geschichte Zeit gegen Zeit, Land gegen Land und Genie gegen Genie zu halten.

Diderot erdichtet sich eine Gesellschaft Menschen, jedweder mit einem Sinn: und jeder ist ein Narr des andern: ein Bild dessen, sagt er, was täglich in der Welt geschieht! — und am meisten, kann ich dazu sezzen, in der Kritischen Welt: jeder hat einen Sinn und urtheilt vom Ganzen. Der Franzose zergliedert höchstens einige Schönheiten flüchtig, bildet seinen Autor nach dem Geschmack seines Landes, und glaubt sich alsdenn schon als den besten Kunstrichter: den Wust lateinischer Wortkritiken sieht er für Schlamm an, wobei er sich verekelt. Wiederum der Holländische und Deutsche Wort-

S gelehr-

gelehrte sieht jenes seine Französirenden Anmerkungen für noch etwas ärgers als Schlamm an; der Franzose sagt: ja, davon wuchsen Blumen und Früchte! und der Deutsche: das meinige ist nicht fruchtbar, aber reinigend! Jeder schließt nach seinem einzigen Sinn.

Aber warum hat man denn nur einen? Wie? wenn viele Wortrichter schon vorgearbeitet — wenn die Franzosen ihre Aesthetische Bon-Mots nun denn oft genug wiederholt, und durchgearbeitet — wenn die Briten die historische Seite in Erklärung der Alten noch mehr werden erleuchtet haben; wird alsdenn nicht ein Zeitpunkt für die Philosophischen Deutschen kommen, die Vorarbeiten aller dieser zu nutzen, und ein ganzes Philosophisches Gemälde über sie zu entwerfen? Jene haben schon viel vorgearbeitet; wir auf unserm Geschäfte, bleiben etwas nach: und vielleicht dörften folgende drei Bemühungen uns näher bringen.

Wie? wenn uns jemand das Geheimniß der schönen Wissenschaften, so aus den Griechen aufschlösse, als Baumgarten es

aus

aus den Lateinern zu eröfnen anfing, und Home es aus seinen Engländern gethan? Nicht blos die Veränderung und Neuheit des Gesichtspunktes würde der Aesthetik gewaltig nüzzen: sondern der Verfasser würde auch, wenn dies Buch, in welchem die Baumgartensche Aesthetik sehr gemuzt werden könnte, auf Akademien zum Grunde läge, viel zur Umbildung des Geschmacks beitragen: es würde die Lehrbücher verbannen, die die Französische oder Deutsche Scribenten zu ihren Grundsäzen wählen, durch die sie Anmerkungen nach der Mode durchschlagen: es würde eine Liebe zur Philologie einflößen, auf den Griechischen Parnaß völlig aufzuklimmen, an dessen Fuß man schon so schöne Blumen findet: es würde zu einem Philosophischen Geschmack gewöhnen, der in Lesung der Alten sehr nüzlich und nothwendig ist.

Eine zweite höhere Stuffe: wenn sich Uebersezzer fänden, die nicht blos ihren Autor studirten, um den Sinn der Urschrift in unsre Sprache zu übertragen: sondern auch seinen „unterscheidenden Ton fänden, die sich in den „Charakter seiner Schreibart sezten, und „uns

„uns die wahren unterscheidenden Züge, den „Ausdruck und den Farbenton des fremden „Originals, seinen herrschenden Charakter, „sein Genie und die Natur seiner Dichtungs„art richtig ausdrückten." * — Dies ist freilich sehr viel; aber für mein Ideal eines Uebersezzers noch nicht gnug. Die meisten Uebersezzer wollen doch gern ein Wort mitreden, in der Vorrede, in Kritischen Noten, oder im Leben ihres Autors, und die meisten reden in der Vorrede Complimente, oder von den Ausgaben ihres Autors: in den Noten aber oft langweilige Erklärungen, die dem Leser keinen guten gesunden Hausverstand zutrauen, oder Zänkereien, die ihn noch weit weniger angehen, oder ein Kram von Philologischer Gelehrsamkeit. Endlich wird das Leben des Autors dazu übersezzt: und so ist ein Buch fertig: für den Uebersezzer Tagelohn, für den Verleger Meßgut, für den Käufer ein Buch in seine Bibliothek: für die Litteratur? nichts! oder Schade! Null oder negative Größe. Aber —

Wenn

* Litt. Br. Th. 18.

Wenn uns jemand den Vater der Dichtkunst Homer überſezzte: ein ewiges Werk für die Deutſche Litteratur, ein ſehr nüzliches Werk für Genies, ein ſchäzzbares Werk für die Muſe des Alterthums, und unſre Sprache, ja ſo wie Homer lange Zeit die Quelle aller göttlichen und menſchlichen Weisheit geweſen, ſo wie er der Mittelpunkt der Griechiſchen und Römiſchen Litteratur wurde, auch das gröſte Original für die unſere —— alles dies kann eine Homeriſche Ueberſezzung werden, wenn ſie ſich über Verſuche erhebt, gleichſam das ganze Leben eines Gelehrten wird, und uns Homer zeigt, wie er iſt, und was er für uns ſeyn kann. Wie ſehr haben uns die Engländer hier ſchon vorgearbeitet? Thomas Blackwells Unterſuchung über das Leben und die Schriften Homers (und leider! iſt dies ſchäzzbare Buch, das in England ſo hoch aufgenommen ward, kaum halb ins Deutſche überſezzt); eine Unterſuchung, die ſich den hohen Sazz aufgibt: „welch ein Zuſammenfluß von natürli„chen Urſachen konnte den einzigen Homer her„vorbringen?„ die dieſen Sazz aus den Geheimnissen der Griechischen Litteratur und Geschichte mit wahrem Kritischen Geist erklärt, und zum Homer ein Schlüssel ist — Diese Abhandlung sollte statt Einleitung seyn: eine Einleitung, die fast nie so nothwendig ist, als wenn wir uns dem ältesten, dem göttlichsten, dem unübersezzbaren Homer nähern. Nun folgen die wichtigsten Untersuchungen der Alten über den Homer: und was er bei ihnen alles geworden ist? Was er bei uns seyn kann und soll? Wie wir ihn, ohne Mißbrauch nuzzen müssen, ohne doch jemals Homere werden zu können?

Dies ist der Eingang und die Ueberseʒʒung! Beileibe muß sie nicht verschönert seyn, wie noch jezt die neue Bitaubésche als ein Greuel der Verwüstung dastehet. Die Franzosen, zu stolz auf ihren Nationalgeschmack, nähern demselben alles, statt sich dem Geschmack einer andern Zeit zu bequemen. Homer muß als Besiegter nach Frankreich kommen, sich nach ihrer Mode kleiden, um ihr Auge nicht zu ärgern: sich seinen ehrwürdigen Bart, und alte einfältige Tracht abnehmen lassen: Französische Sitten soll er
an

an sich nehmen, und wo seine bäurische Hoheit noch hervorblickt, da verlacht man ihn, als einen Barbaren. — Wir armen Deutschen hingegen, noch ohne Publikum beinahe und ohne Vaterland, noch ohne Tyrannen eines Nationalgeschmacks, wollen ihn sehen, wie er ist.

Und die beste Uebersezzung kann dies bei Homer nicht erreichen, wenn nicht Anmerkungen und Erläuterungen in hohem Kritischen Geist dazu kommen. Wir wollen gern mit dem Uebersezzer diese Reise thun, wenn er uns nach Griechenland mitnähme, und die Schäzze zeigte, die er selbst gefunden. Als Leute, die dieses Reisens nicht sehr gewohnt, zum Theil dran verekelt sind, mache er uns aufmerksam, führe uns als Kundschafter umher, die sich nicht um Schulgeschichten und Wortklaubereien, sondern um das ganze große Staatsgeheimniß der Griechischen Litteratur bemühen. Man weiß, was Französische Anmerkungen des Geschmacks über die Alten sind: meistens Zergliederungen einzelner, und oft unwesentlicher Schönheiten, die ihrem Publikum zur Zerstreuung, Erholung und Ergözzung geschrieben sind. Man weiß, wie Schulmänner die Alten erläutern. Man kennet die Grimmischen Noten zum Anakreon; und die Ebertschen zu Young; man kann also aus einer Morgenröthe auf den völligen Sonnenanbruch schließen, wie durch Homer ein Publikum könnte gebildet werden, nach Griechischem Geschmack. Ich würde nicht gern Poesie und Hexameter bei dieser Uebersezzung vermissen; aber Hexameter und Poesie im Griechischen Geschmack; sollte es auch nur Gelegenheit geben, uns immer aufmerksam zu machen, wie weit unsre Sprache, und Poesie hinten bleibe. — Es ist viel, was ich aufgebe, aber durch alles dieses werden die Schönheiten kaum einigermaaßen ersezt, die im Homer unübersezbar bleiben.

Um dies mehr ins Licht zu sezzen, füge ich ein Urtheil des Geschmacks über Steinbrüchels Uebersezzung des Sophokles und Euripides dazu; ein Urtheil des Geschmacks, ein Urtheil nach der Grammatik * haben schon die Litteraturbriefe gefällt!

* Litt. Br. Th. 20. p. 157. u. Th. 21. p. 3. 13. 81.

fällt! Ich kann sie nehmlich, um vollständig davon zu urtheilen, jungen Tragischen Genies, Liebhabern der Griechen, und Deutschen Sprachrichtern in die Hände geben; was werden diese darüber urtheilen?

Den Genies, die blos Aetherisch lesen, ist sie eine sichere Handleiterin zu einer klaren Quelle. Sie sehen den Tragischen Geist der Griechen, lernen das Eigenthümliche ihrer Denkart und ihrer Rührung: können ihre Einfalt und ihre Zusammensetzung, ihre Anlage und Fortleitung bis zur Erreichung des Zwecks verfolgen; aber wo wird in ihnen der Griechische Geist der Tragödie aus ihren Patronymischen und Mythologischen Geschichten entwickelt? und wo ist dies mehr nöthig, als in den Chören, die ganz in die Griechische Laune verwebt sind? Bei allem Schweizerischen Schwulst hört ein Genie wohl die wahre Sprache des Griechischen Kothurns, in ihrer ganzen Schreibart, und in den Bindungen, die dem Poetischen Ohr im Griechischen so stark tönen, als sie sich im Deutschen in die Prose verlieren? Entgeht uns bei den Chören nicht das Colorit, der Schwung, der Theatralische Tritt, die Musikalische Harmonie ihrer Originalsprache völlig, von denen sich noch eins und das andre durch das Klopstockische freie Sylbenmaaß hätte retten laſſen? Ein Deutsches Genie verſuche es nach Steinbrüchel, Tragiſche Chöre nachzubilden, werden ſie wohl im Griechiſchen Geiſt ſeyn? Indeſſen gebe ich zu, daß St. durch ſeine Ueberſezzung weit mehr Original iſt, da er Deutſchland mit den größeſten Tragiſchen Poeten bekannt macht, als wenn er uns zehn mitleidige Schweizertragödien nach Griechiſcher Manier gegeben hätte. Von den Griechen hat unſer Theater noch am wenigſten, oder lieber gar nichts gelernt.

Die Liebhaber der Griechiſchen Litteratur legen ihn aus der Hand! Man ſucht vergebens etwas, das uns das Genie der Griechen, ihres Theaters, und den Charakter ſeines Autors koſtet, und zu ſchmecken giebt.

Und die Sprache? iſt freilich in ihrem Dialekt unangenehm; nicht blos die Schweizerwörter werden unausſtehlich: ſondern das

Colo-

Colorit der Griechischen Einfalt soll durch eine übermäßige Farbengebung, die oft den Perioden verzerrt, ersezzt werden: da bleibt Sophokles gewiß nicht mehr die Syrene Griechenlands, wie ihn das Orakel nannte. — Aber die Kühnheit des Uebersezzers verdient Aufmunterung, „die Griechische Wort„fügungen unsrer Sprache anpaßt;„ nur muß sie keine blinde Nachfolger haben, die ein Exempel sogleich zur erlaubten Gewohnheit machen; und gerechte Richter müssen seyn, die das Claßische Ansehen solcher Versuche beurtheilen.

Er fahre also in seinen Bemühungen fort, und lasse sich die Kritiken blos zur Hülfe dienen. Auch Pindar — ein für die Deutschen so verschloßnes Buch, der den Griechischen Nationalgeist so sehr in seiner Stärke zeigt, und für unsre Dorische Sprache und Genies bildend gnug seyn könnte — auch Pindar* muntre ihn auf, ein großer Uebersezzer, aber auch zugleich

* Litt. Br. Th. 2.

zugleich im Griechischen Verstande, ein Dollmetscher desselben zu werden. In tantis voluisse, laborasse, sudasse, sat est. Rühmlich kühn ist die Muse,

Pindaricae fontis, quae non expalluit haustus.

Statt daß ich jetzt ein Verzeichniß hinsetzen sollte: "welche Griechen und aus welchen Gründen sie zu übersetzen wären„ will ich lieber die Uebersetzung des Tyrtäus,* und noch mehr Daphnis und Chloe aus dem Longus mit dem verdienten Lobe nennen. Auch mir thut es Leid, "daß die ungenannten Uebersetzer nicht darauf gefallen „sind, den Griechischen Text beidrucken zu „lassen. Man sollte wirklich alle Gelegen„heit ergreifen, bei unsrer Nation, die fast „verloschene Liebe zur Griechischen Sprache, „deren Schriftsteller die reinsten Quellen des „Geschmacks sind, in etwas wieder anzu„fachen. Wie rühmlich wäre es auf alle „Art, wenn wir die Englische Nation lieber „in dem Studio der Griechischen Sprache, „als

* Litt. Br. Th. 17. p. 11.

„als in gewissen andern Dingen nachahmen
„wollten.„*

Wo ist aber noch ein Deutscher Winkelmann, der uns den Tempel der Griechischen Weisheit und Dichtkunst so eröfne, als er den Künstlern das Geheimniß der Griechen von ferne gezeigt? Ein Winkelmann in Absicht auf die Kunst konnte blos in Rom aufblühen; aber ein Winkelmann in Absicht der Dichter kann in Deutschland auch hervortreten, mit seinem Römischen Vorgänger einen großen Weg zusammen thun.

Diese Geschichte der Griechischen Dichtkunst und Weisheit, zwei Schwestern, die nie bei ihnen getrennt gewesen, soll den Ursprung, das Wachsthum, die Veränderungen und den Fall derselben nebst dem verschiedenen Stil der Gegenden, Zeiten und Dichter lehren, und dieses aus den übrig gebliebnen Werken des Alterthums durch Proben und Zeugnisse beweisen. Sie sei keine bloße Erzählung der Zeitfolge, und der Veränderungen in derselben, sondern das Wort Geschichte behalte seine weitere

Grie-

* p. 16.

Griechische Bedeutung, um einen Versuch eines Lehrgebäudes liefern zu wollen. Man untersuche nach ihrem Wesen die Dichtkunst der Griechen: ihren Unterschied von den übrigen Völkern; und die Gründe ihres Vorzugs in Griechenland: hier würde sich ein Ocean von Betrachtungen darbieten, wie fern ihr Himmel, ihre Verfassung, Freiheit, Leidenschaften, Regierungs= Denk= und Lebensart, die Achtung ihrer Dichter und Weisen, die Anwendung, das verschiedne Alter, ihre Religion und ihre Musik, ihre Kunst, ihre Sprache, Spiele und Tänze u. s. w. sie zu der hohen Stuffe erhoben haben, auf der wir sie bewundern. Man zeige uns das wahre Ideal der Griechen in jeder ihrer Dichtarten zur Nachbildung, und ihre Individuelle, National= und Localschönheiten, um uns von solchen Nachahmungen zu entwöhnen, und uns zur Nachahmung unsrer selbst aufzumuntern. Der Ausdruck, die Proportion, das Aeußere ihrer Werke werde erklärt, und mit unserm Stil verglichen. Alsdann von den verschiednen Zeiten der Griechischen Poesie; wiederum mit einer

Prag-

Pragmatischen Anwendung auf unsre Zeit: wie die Römer von den Griechen gelernt haben, und wie wir von ihnen lernen sollen. — Ein Ocean von Betrachtungen, in den sich blos ein Kenner der Alten, ein Weltweiser, ein Geschmackvoller Kunstrichter, und ich möchte beinahe sagen, selbst ein Dichter wagen kann: ein Ocean, aus dem die meiste unsrer Weisen nur Tropfen kosten; an dem die meisten Dichter nur so trinken, als die zum Siege bestimmte Streiter Gileads; und die Kunstrichter? — bringen dem Götzen ihres Aeons mit demüthigem Stolze eine Handvoll Wasser aus demselben dar, wie jener Bettler dem Persischen Monarchen.

Ein Werk von dieser Art muß die Griechen unter uns bekannter machen, die wir so wenig kennen; es muß den Quell des guten Geschmacks öfnen, und uns von elenden Nachahmern der Griechen befreyen: den ganzen Knoten muß es entwickeln, wie weit kamen sie? und warum so weit? — wie weit sind wir ihnen nach? wie viel weiter können und sollen wir? — was werden wir nie erreichen? und warum nicht? —

Zufolge

Zufolge der Bemerkungen der Litteraturbriefe über das Ideal, * und die vollkommenen Dramatischen und Epischen Charaktere, (Bemerkungen, die ich sehr schätze) hatte ich hier eine Abhandlung über das Ideal der Griechen in jeder Dichtart eingerückt, und mit dem Ideal unsrer ausgearteten Zeit verglichen: bei der zweiten Umarbeitung meiner Fragmente vermehrte ich sie; allein bei der dritten — ließ ich sie aus, weil sie mir noch selbst auf Seiten der Griechen zu wenig gnug that, und auf Seiten unsrer, nothwendig hie und da frei werden muste. Ich fahre also lieber im Ton meiner Fragmente fort und frage:

2.

(Wie weit haben wir sie nachgebildet?)

Wie weit sind wir denn im Nachbilden der Griechen? Vielleicht haben einige Deutsche Genies

* Litt. Br. Th. 7. p. 124. 125. Th. 9. p. 49. Th. 14. p. 252.

Genieß in der Stille blos unter dem Angesicht ihrer Muse die Alten studirt, vielleicht in der Stille ihnen Werke nachgebildet, die für uns Griechische Schönheiten enthalten. Vielleicht* ist Bodmer unser Homer, Gleim unser Anakreon, Geßner unser Theokrit, der Grenadier unser Tyrtäus, Gerstenberg ein Alciphron, Karschin unsre Sappho, der Dithyrambensänger unser Pindar! Sehet da! ein glänzendes Siebengestirn, vielleicht vortreflicher, als jenes am Hofe des Philadelphus.**

Bodmer und Homer! Nein ich wage es nicht, über zwei so ehrwürdige Greise zu urtheilen; Noah mag heiliger seyn, er mag moralischer seyn; ich finde doch nicht Antrieb, ihn in irgend etwas mit Homer zu vergleichen; und zum Glück besinne ich mich, daß er älter sey, als der Zeitpunkt, über den ich schreibe.

Aber Homer und Klopstock! Wo hat K. ein Homer seyn wollen? Nach seiner Abhandlung von der heiligen Poesie, scheint

* Litt. Br. Th. 1. p. 34.
** Bitaube in seiner Uebers. Homers.

S

er mehr vom Virgil zu machen, und ist auch eher Virgilianisch als Homerisch. Vielleicht besingt er, als ein heiliger Virgil, die Gegenstände des Orients; und vielleicht reizt eben dieses Virgilianische mehr, als das Seltene in seinem Gedichte. — Aber Homer? Ja! wenn ich Klopstocks Inhalt der Gesänge läse; so denke ich (wer wird dies nicht für wunderlich halten) bei den Summarien denke ich noch an den Rhapsodisten; aber bei dem Gedichte selbst nicht mehr. Der große Reichthum von Worten, von schönem Ausdruck, von Malereien auf der Oberfläche; von ausgeführten Gleichnissen, reißt mich fort, daß ich nicht Auffoderung gnug habe, jenen Griechischen Sänger in ihm zu suchen, der arm an Worten und reich an Handlung war; der jede Schönheit seiner Bildung tief eindrückt, und seine Ideen nicht malt, sondern mit lebendigen Körpern umhüllet, die von Morgenröthe stralen. Vielleicht ist es für K. die größte Ehre, wie ich deßhalb an das Zeugniß eines Franzosen mich erinnere, gar kein Homerisches Bild gebraucht zu haben: vielleicht ist es unsrer geistigern Zeit

gemäßer,

gemäßer, daß er seine Bilder, gleichsam unsichtbar in die Seele malet, so wie die sinnlichen Griechen sich an ihrem sinnlichen Homer ergötzten; vielleicht übertrift das Moralische im K. alles schöne Sinnliche im Homer; ja vielleicht ist sein großes Talent, die Seele zu schildern, mehr werth, als alles im alten Griechen — alles dieses vielleicht sey meinethalben gewiß; eine so nüzliche Untersuchung mag eine Poetische Bibliothek zur Ehre der Deutschen anstellen.*

Ich schweife hier lieber auf den Machtspruch eines Kunstrichters aus: „Homer ward „eben so wenig von allen Griechen verstanden, „als K. von allen Deutschen! ** Die wahren „Kenner der Dichtkunst sind zu allen Zeiten in „allen Ländern eben so rar, als die Dichter „selbst gewesen! So ist es wirklich!„ Ohngeachtet dieses Wirklich hier als ein Amen stehet; so will ich doch eben nicht im zweiten Chor antworten: Amen! sondern etwas ausnehmen.

Daß alle Griechen den Homer verstanden, wer wird dies behaupten, der jemals die Grie-

T. 2   chen

* Litter. Br. Th. 19. p. 155. 156.
** Litter. Br. Th. 4. p. 49.

chen auch nur von ferne gesehen? der da weiß, daß jede Sprache alle Viertheil Jahrhunderte sich merklich verändert, und der die Zeit des Homers kennt, wo die Griechischen Staaten sich erst zu bilden anfiengen, und also nothwendig mehr und wichtigere Veränderungen in der Sprache erfuhren, als wir in einer gebildeten Sprache, und einem ruhigen Staat. Man muß also nothwendig eine Zeit festsetzen, wenn wurde der Homer so und so wenig verstanden? Wie er sang? Nun! da sang er als ἀοιδὸς, und nothwendig also, wenn es damals καλὺς κ'αγαϑὺς gab, die gute hübsche Leute bedeuteten, diesen verständlich. Ist das Leben Homers wahr, das man dem Herodot zuschreibt: so zog er umher; fand in einigen Städten Beifall auf den Märkten, und Ehre in den Staaten: seine Sprache war göttlich, neu; aber im Ganzen verständlich; weil damals noch nicht ein Unterschied zwischen der Sprache der Weisen und des Volks, zwischen der Denkart der Vornehmen und Geringen war; was Homer sang, war die Sprache der Götter und zugleich eine veredelte Sprache des Pöbels. Nur in einigen

Republi-

Republiken, wo die Mundart schon mehr Politisch geworden war, da war seine Sprache fremde, ungewöhnlich, und in Athen, wo er nachher so viel galt, kostete ihm seine Raserei 50 Drachmen. In dieser Poetischen Zeit betrachtet, möchte also das eben so wenig, das der Kunstrichter behauptet, nicht genau eintreffen: damals war seine Sprache eben die Sprache des Volks, die Kenner der Dichtkunst waren häufiger, und die Dichter selbst — wer die Dichterei der alten ραψῳδων und αοιδων kennet, wird ihre Dichtkunst unmöglich mit der unsrigen vergleichen.

Meint aber der Kunstrichter, die Zeit, da Homer gelesen wurde: so trift es eben so wenig ein. Die Glieder des Dichters wurden erst in der 61. Olympiade gesamlet, da er doch nach der gemeinsten Rechnung immer vor den Olympiaden gelebt hat. Hier muß man nun ausmachen, wer waren die alle, die den Homer verstehen sollten? Ich nehme eine mittlere Größe an: laß es gute hübsche Leute gewesen seyn (καλοι κ'αγαθοι)! Nun! weiß ja aber, wer im Plato auch nur bis in die Mitte seines ersten Gesprächs gekommen, daß

Hip-

Hipparchus, der Sohn des Pisistratus, unter vielen andern Proben der Weisheit, auch des Homers Bücher zuerst nach Athen gebracht, und die Rhapsodisten angetrieben, sie bei den öffentlichen Spielen zu lesen; eine Gewohnheit, die bis an Platons Zeiten reichte. Wo sind nun die Panathenäa, wo unser Homer unserm Volk vorgelesen und erkläret wird? — Ich sage: erklärt ward: denn dies zeigt Platons ganzes Gespräch: Jo — eine Unterredung, deren Name schon gnug ist, daß jeder, der sie gelesen, das vorige eben so wenig einschränken wird. Mit welchem Enthusiasmus sprach Jo, im Namen aller Rhapsodisten vom Homer! Konnte er ihn nicht bis auf ein Wort auswendig? War es nicht alle seine Arbeit, sein ganzer Lebenslauf vor dem Tode, und auf dem Leichensteine, dieser hat den Homer auswendig gewußt, am besten deklamiren, am gründlichsten erklären können! Was richtete nicht seine Rhapsodie bei dem Volke aus? — Und das alles, ohne Homer mehr zu verstehen, als unser Volk den Klopstock? Ich glaube, die Parallellinien neigen sich von einander; und sie ent-

fernen

fernen sich merklicher. Daß Homer in den Schulen bei den Griechen gelesen wurde: sagt Xenophon,— doch nein! hier stoße ich auf eine Stelle, die vielleicht zwischen Wieland und Fll. Gelegenheit zum Streit über καλος κ'αγαϑος gegeben; ich sezze also lieber das Zeugniß eines Griechischen Rammlers hin, des sorgfältigen Isokrates: οιμαι δε και την Ομηρε ποιησιν μειζω λαβειν δοξαν, οτι καλως τες πολεμησαντας τοις βαρβαροις ενεκωμιασε. Και δια τετο βεληϑη̃ναι τες προγονες ημων εντιμον αυτε ποιησαι την τεχνην, εν τε τοις της μεσικης αϑλοις, και τη παιδευσει των νεωτερων. Ινα πολλακις ακεοντες των επων εκμανϑανωμεν την εχϑραν την προς αυτες υπαρχεσαν.*

Wo wird nun in unsern Schulen unser Homer in diesem Zwecke gelesen? Das Geschichtchen vom alten Homer weiß ein Knabe wohl aus seinen historiis selectis, daß Alcibiades jenem Schulmeister eine Ohrfeige gab, der nicht den Homer in der Schule hatte: Dummkopf, sagte er, auch deine Schü-

* Isocrates In Panegyr.

Schüler willst du zu Dummköpfen machen?"
Dies Geschichtchen, hat nun wohl ein Knabe
gelesen, aber Deutsche Homere? Viel eher, sage ich, in der Angst, den Griechischen selbst.
Und noch weniger gilt der Einwurf, den der
Kunstrichter wider die Bekanntschaft Homers
aus dem Xenophon macht, und wie ich fast
dazusetzen kann, Myopisch macht. Man warf
dem Sokrates vor: er habe Stellen aus dem
Homer angeführt, nicht die an sich gefähr-
liche Lehren enthielten, sondern die er in einem für den damaligen Athenensischen Staat
gefährlichen Zweck angeführt. Nicht, als hätte
ihn Sokrates Grammatisch oder Poetisch miß-
gedeutet; sondern Politisch übel angewendet.
Daß ich nicht nach meinem lieben Eigensinn
deute; sondern daß es Xenophon selbst sagt,
zeigen seine Worte augenscheinlich: "Sokra-
"tes, so sagte sein Ankläger, pflegt auch oft
"Homers Gedichte anzuführen: daß z. E.
"Ulysses den Vornehmern mit freundlichen
"Worten zugesprochen, wenn sich aber ein
"Geringerer unnütz machte: so schlug er ihn
"mit seinem Scepter und befahl ihm ruhig
"zu

* Plutarch. in vit. Alcibiad.

„zu seyn. Dies hat er so ausgelegt, als
„wollte der Poet, man sollte die Geringern blos
„mit Schlägen ziehen; allein sezt Xenophon
„dazu, das hat Sokrates gar nicht gemeinet:
„sondern ꝛc.,,"* Und was folgt hieraus?
Daß Homer Lehren wider den Staat enthiel=
te? Gar nicht! sondern daß Sokrates seine
Lehren wider den Staat aus einem bei dem
Volk so viel geltenden Dichter zu bestätigen
suche? Sagt der Ankläger, daß Homer die
geringern und ärmern Leute zu schlagen ra=
the? Nicht! sondern Homer mache dieses
den geringern und armen Leuten glaubend!
Diesen geringern und ärmern Leuten
konnte ja ein Sokrates leicht was glaubend
machen, und Melitus muste als ein Vereh=
rer des Homers eben dagegen am meisten
eifern, daß Sokrates, seine Lieblinge, die
Dichter so mißbrauchte. Die aufgebrachten
Richter verurtheilten, ohne daß sie im Homer
nachsahen, ob dies der wahre Verstand sey
(das that hier ja nichts zur Sache); sondern
weil er den Staat störte: wenn sie auch Leu=
te gewesen wären, mit denen man in der Ju=

T 5 gend

* Im erst. Buch der Denkw. Reden.

gend den Homer gelesen, so betraf es ja hier
keine Moralische Lehre, und noch weniger
Poetische Schönheit; sondern eine Politische
Situation. Und ich kann noch weiter gehen,
wenn ich den fruchtbaren Folgerungen, die
dieser Fll. bei seinen Kritischen Streitigkeiten
sonst reichlich bewiesen hat, nachahme: eben
weil die Richter den Lieblingsdichter ihrer
Jugend in Sokrates Munde so gemißhandelt
sahen; eben weil sie viel von dem Ansehen
eines Poeten zu befürchten hatten, den jeder
für göttlich hielt, den die καλοι κ'αγαθοι
auswendig wusten — so nahmen sie die Sache so ernsthaft.

Ueberhaupt zeigt dieser ganze Proceß, daß
wir keinen Homer mehr haben können,
dem die Ehrennamen: Vater der Weisheit, der Tapferkeit, der Dichtkunst, im
hohen Griechischen Sinne zukommen könnten; keinen Homer, der für uns so ein Original nach Sprache, Sitten, Geschichte, Fabeln und Melodie seyn kann, als es jener für
die Griechen war: jene liebten Heldenerzäh-
lungen von ihren Vorfahren aus einer alten
Sage: Mythologien von Göttern, die ihre

Väter,

Väter, die Häupter ihrer Familien, die Stifter ihrer Staaten, und die Ueberwinder ihrer Erbfeinde waren — Unsere Leser der Deutschen Homere gehen vermuthlich in Beinkleidern oder langen Röcken nach Französischem Schnitt: sie lesen statt Mythologien Gellertsche Fabeln, und statt Hexameter und Rhapsodien singen sie Kirchenlieder. Nach der Bekanntschaft und Bildung des Geschmacks ist entweder Gellert unser Homer; oder er soll noch geboren werden. Denen, die darüber staunen, wie Gellert und Homer zusammen kommt, schreibe ich eine Stelle ab, die richtig gnug ist: *

„Für ganz Deutschland ist es ohne Wider„spruch Gellert, dessen Fabeln wirklich dem „Geschmack der ganzen Nation eine neue „Hülfe gegeben haben. (Fragt die erste, die „beste Landpredigertochter nach Gellerts Fa„beln? die kennt sie — nach den Werken andrer „unsrer berühmten Dichter? kein Wort.) — „Nach und nach haben sie sich in die Häuser „eingeschlichen. Dadurch ist das Gute in „der Dichtkunst in Exempeln und nicht in Re„geln

* Abht vom Verdienst p. 367. 77.

„geln bekannt, und das Schlechte verächtlich
„gemacht worden. Denn der Geist und der
„Geschmack einer Nation sind nicht unter
„ihren Gelehrten und Leuten von vornehmer
„Erziehung zu suchen. Diese beiden Ge-
„schlechter gehören gleichsam keinem Lande
„eigen. Aber unter dem Theile der Nation lie-
„gen sie, der von fremden Sitten und Gebräu-
„chen und Kenntnissen noch nichts zur Nach-
„ahmung sich bekannt gemacht hat.„ Das
ist nun Geßert in Absicht des Geschmacks —
aber was war Homer in Absicht der Religion,
der Künstler, der Dichter, der Redner,
der Weisen, der Sprache, der Sitten,
der Erziehung, für die καλος κ'αγαθος
der Griechen?

Dies böse Griechische Wort verfolgt mich,
so sehr ich vor ihm fliehe, und mein Knoten
ist nicht eher aufgelöset, bis es bestimmt ist.
Denn so fragt der Kunstrichter:* „Ist es wahr,
„daß die alten Griechen ihre Jugend aus
„dem Homer Weisheit lehrten? Und wurde
„Homer auch nur von allen denen verstan-
„den, welchen das Beiwort καλοι κ'αγαθοι
„zukam?

* Litter. Br. Th. 1. p. 46.

„zukam?„ — Seine Frage ist so viel als
Nein! meine Antwort aber Ja! Aemilius
Scaurus leugnet; Valerius bejahet; wem
von beiden glaubt ihr Römer?

Ausser dem, was ich schon angeführt,
kann ich mein erstes Ja mit folgender Stelle
aus Xenophons Schmause gültig machen:
„Mein Vater, sagt Niceratus, der mich
„zum tüchtigen redlichen Mann (αγαθος)
„machen wollte, hielt mich an, alle Gedichte
„Homers auswendig zu lernen, so daß ich
„noch jetzt die ganze Iliade und Odyssee her=
„sagen kann.„ — Hier war ein guter hübscher
Mann, der seinen Sohn auch dazu machen
wollte, und ließ ihn also Homer lernen: so
wurde also Homer mit der Jugend getrieben:
so wurde er gewiß von denen verstanden, die
gute hübsche Leute waren, denn sie waren
durch ihn dazu gebildet.

Aber heißt καλος κ'αγαθος ein guter
hübscher Mann, oder ist es ein Schweizer=
Virtuose? Beide Partheien können Recht
behalten, wenn sie sich anhören wollen, und
wenn sie Staub unter die Augen streuen,*
hat

* Litt. Br. Th. 1. p. 52.

hat es vielleicht keiner von beiden. Mehr als ein guter hübscher Mann, und weit weniger als ein Shaftsburischer Virtuoso, nach dem hohen Geschmack unsrer Zeit. Ich erinnere mich die Abhandlung eines Grammatikers über dies Wort gesehen zu haben; und weil ich nicht gern thun mag, was ein andrer vor mir gethan, so will ich nicht ein Register von den Stellen machen, wo dies Wort vorkommt. Ich schreibe aus dem Gedächtniß.

In jeder Sprache müssen sich alle Wörter verändern, die den eigentlichen Charakter des Zeitalters ausdrücken, und eben dies dünkt mich von καλος κ'αγαθος. In den ältesten Griechen erinnere ich mich nicht, es gelesen zu haben: es ist ein Wort aus dem Zeitalter der schönen Prose und der feinen Politischen Sitten. In den Zeiten, da αρετη, Tugend, noch allein Tapferkeit des Körpers und Geistes bedeutete: galt blos ein braver Mann αγαθος. So wissen in Homer die Helden kein besser Wort ihrer Würde, als wenn sein Agamemnon oft gnug sagt: αγαθος γαρ ειμι. So wenig hier das αγαθος eine Moralische Güte bedeutet, zu einer Zeit, wo

Tapfer-

Tapferkeit über alles galt; so wenig litte dieses Zeitalter καλος κ'αγαθος im feinen Verstande des Shaftesbury. Auch das Wort καλος hat diesen Ursprung gehabt: und wurde von den ανδρασιν αγαθοις gesagt, die in der Schlacht ευ und καλως (tapfer) stritten: Aber mit der Zeit verfeinerte sich der Geist der Sitten: das Wort αρετη hieß Brauchbarkeit: das Wort αγαθος und καλος hieß ein tüchtiger Mann in Geschäften, und selbst der Ehrenname ανηρ verlor etwas von seiner Mannheit. Weil in der damaligen Zeit die Weisheit auch noch allein eine Dienerin des Staats war: so übernahmen es sich also die Weisen, solche brauchbare Männer zu bilden, die redliche Menschen und tüchtige Bürger waren: so frägt Xenophon den Sokrates im Diogenes Laertius: sage mir, wie kann man ein καλος κ'αγαθος werden? und dieser führt ihn in seinen Unterricht. So sagt Nicerat in der angeführten Stelle: mein Vater, der mich zum tüchtigen Mann (αγαθος) machen wollte: ließ mich den Homer lernen. So trugen es die Athenienser, die vorzüglich nach

dieser

dieser Politischen Cultur strebten, beständig im Munde (καλος κ'αγαϑος); und es war bei ihnen, wie ein Scholiast sagt: summa omnis laudationis! Und also gewiß nothwendig mehr, als ein guter hübscher Mann bei uns.

Der Recensent will auch nur einen einzigen Beweis, daß καλος κ'αγαϑος etwas mehr als dies bedeute? Wohl! es sei eben die Stelle,* in der er nichts als den guten hübschen Mann finden will; Schade, daß ich mehr darinn finde, und eben die Beschreibung des καλυ κ'αγαϑυ. Sokrates frägt den jungen Theages im Plato: τι εν; εκ εδιδαξατο σε ο πατηρ και επαιδευσεν απερ ενϑαδε οι αλλοι παιδευονται, οι των καλων καγαϑων πατερων υιεες; οιον γραμματα τε, και κιϑαριζειν, και παλαιειν, και την αλλην αγωνιαν; Können hier καλοι καγαϑοι füglich gute hübsche Leute bedeuten, wie wir dies Wort brauchen? Nein! sie ließen ihre Söhne, um sie auch zu καλοις καγαϑοις zu machen, Wissenschaften (nicht blos das ABC lesen und schreiben), die Musik, die nach der Griechischen Denkart weit mehr

sch-

* Litter. Br. Th. 1. p. 52.

schöne Kunst, als bei uns, und von der Dicht=
kunst unzertrennlich war: und schöne Leibes=
übungen erlernen. Wer also seinen Verstand,
seinen schönen Geschmack und seinen Kör=
per ausgebildet hatte: der war ein Attischer
καλοκαγαθος: er war weder ein Weiser,
noch Dichter, noch Fechter; aber Anlage
hatte er, Weiser, Dichter und Olympischer
Sieger zu werden. Wer einen Griechischen
καλος κ'αγαθος in seinem ganzen Glanze
sehen will: der lese, obgleich nicht das Wort
selbst als Ueberschrift drüber stehet, einige
Pindarische Oden auf seine Griechische Jüng=
linge, die doch mehr als gute hübsche Jun=
gens waren.

Aber freilich auch nicht Virtuosen im Wie-
landischen hohen Gusto! oder lieber gleich im
Geschmack des Shaftersbury: dem Wieland nicht blos den Begrif des Virtuosen, sondern auch die Analogie mit καλος κ'αγαθος
abborgt. Dieser Weltweise, der den Plato-
nismus nach dem Modegeschmack seiner Zeit
einkleidet, und endlich auch in Griechenland diesen Lieblingsgeschmack findet, bestimmt seine

U   Wir=

Virtuosen so:* the real fine Gentlemen, the Lovers of Art and Ingenuity; such as have seen the World, and informed themselves of the Manners and Customs of the several Nations of Europe, search'd into their Antiquitys and Records; consider'd their Police, Laws and Constitutions, observ'd the Situation, Strength and Ornaments of their Citys, their principal Arts, Studys and Amusements; their Architecture, Sculpture, Painting, Musick, and their Taste in Poetry, Learning, Language and Conversation. Mit diesem Begriffe vergleicht er nachher das honestum, pulcrum, καλον der Alten, und philosophirt in seiner liebenswürdigen Laune Seiten fort. — Ob es nun gleich in Athen freilich auch ein Zeitalter gab, da die Liebhaberei der Künste, der Geschmack an Dichtkunst, und den schönen Wissenschaften, der feine Ton im Umgange, und der Urtheilsgeist über Policey und Alterthümer, die herrschende Mode war: so kann ich mich doch nie überreden, daß die καλοι κ'αγαθοι in dem weiten Verstande des Shaftesbury

* Characteristiks Vol. 3. Miscell. Reflex. p. 156. 157.

tesbury damals geblühet. Es scheint vielmehr dieser Philosoph sich selbst zu malen, und den Geschmack, der damals am Hofe Carls des zweiten galt, bis zu einem gewissen Ideal zu erhöhen und verfeinern, das immer in den neuen Zeiten ein Muster eines brauchbaren, geschickten, angenehmen Mannes seyn kann, aber den Begrif des Griechischen Worts immer umbilden muß, selbst wie es Plutarch und die neuern Griechen brauchen. Shaftesbury fodert zu seinem Virtuosen, wenn er in Griechenland existirte, freilich das Lesen des Homers, und das zwar als das erste A B C; aber ein Moralisches Lesen des Homers? Ein Himmelweiter Unterschied!

Wozu aber so viel über ein Wort? Ueber ein Wort, das immer der Ausdruck ihres Charakters, und der Gipfel ihrer Lobsprüche war, kann man nie zu viel sagen: die Erklärung solcher Wörter schließt uns Denkart und Policey, Laune und Sitten, kurz das Nationalgeheimniß auf, ohne das wir immer von einem Volke, schief urtheilen, schief lernen, und unleidlich nachahmen. Ich würde es als einen Beitrag zur Griechischen und Römischen

mischen Geschichte der Litteratur einem Mann von Philologie, Geschichtkänntniß und Geschmack empfehlen, der Metamorphose genau nachzuspüren, die im Griechischen die Worte: ανηρ, ανθρωπος, αγαθος, καλος, Φιλοκαλος, καλοκαγαθος, κακος, επιχειραγαθος: im Lateinischen: vir, homo, bonus und melior und optimus, honestus, pulcher und liberalis, strenuus und dergleichen Nationalnamen erlitten haben, die die Ehre oder Schande ihres Zeitalters waren, und sich mit demselben äuberten — So lernt man Völker kennen, und nutzen.

Ich will es hier nicht untersuchen, wie weit einige Schweizer z. E. Wieland, Iselin, Wegelin, Mably, uns wirklich Griechen zeichnen;* wenn sie ihre Erziehung und Politik uns anpreisen. Beinahe vom Diogenes dem Laertier an, findet man in den Griechen, was man in ihnen finden will: verschönerte Gesichter, unerträgliche Idole, halb Ideal, halb Griechisch, halb nach neuerer Form. Freilich können wir den Griechen vieles ablernen; freilich
sie

* Litter. Gr. Th. 1. p. 44. 50.

sie zum Muster nehmen; aber Nachbildungen
unsrer Zeit gemäß machen: sonst wird alles
Carikatur! — Schon Plato und Xeno=
phon malen uns den Sokrates verschieden;
aber man muß beinahe ausspeien, wenn
Wieland * auftritt und sagt: „Seht! den
„Kopf des Sokrates!„ Hier kann man
wie Marcell dreust antworten: Wie? das
ist Sokrates? jener liebenswürdige Wider=
sprecher, jener ehrwürdige Unwissende, jener
feine Jronische Geist, und der redlichste Bür=
ger, kurz! der Weiseste unter den Weisen
Griechenlands — das sollte ihr Sokrates
seyn? Nein! mein Herr! dieser unausstehli=
che Disputirer mit vollem Munde, dieser lä=
cherliche Weisheit= und Tugendkrämer, dieser
grobe Zänker, und Misanthropische Schim=
pfer ist ein Geschöpf neuerer Zeit, ein Weiser
aus Schweizerischen Republiken. — Und
doch hat W. ja wirklich die Griechen gele=
sen? — quid fures faciant, audeant cum
talia domini? — So sehr die Griechen
ihren Homer nuzten, so wenig brauchten sie
ihn

* Litter. Br. Th. 7.

ihn auf Wielandſche Art: denn Shaftes-
buris Geiſt und Schriften herrſchten damals
wahrſcheinlich noch nicht bei der Moraliſchen
Bildung der Jugend; und die Art, wie
Sokrates aus dem Homer lehrt, und man
ihn bei der Bildung der Helden und brauchbaren Jünglinge anwandte, iſt ja augen-
ſcheinlich ganz was anders! und in vielen
Stücken was anders, als wir heut nachahmen können, wenn wir auch Homere
hätten?

2.

Pindar und der Dithyrambenſänger.

Homere dörften wir alſo nicht eben haben,
aber einen Pindar? Die Zeit hat dem Pindar ſeine beſten Kronen, und unter andern
auch den ſiebenfachen Epheukranz der Dithyramben geraubt — einer von unſern Dichtern ſetzt ſich ſelbſt dies Siegeszeichen auf, und
ruft: Macht Raum, Mönaden! Iſt er der
Vater Bacchus, oder trägt er blos den
Thyrſusſtab, um es zu ſeyn?

Zum

Zum Voraus ein Wort in einer Parenthese. Ich glaube, wenige Beurtheilungen der Litteraturbriefe sind so schielend, und gebrechlich, als diese,* die einem Lehrmeistertone sich nähert: die bei dem Geräusche arm, bei aller Pracht von Belesenheit und Kritischer Einsicht kurzsichtig, und bei allen Planen und Vorschlägen dürre seyn möchte. Die angebohrne Lebhaftigkeit des Recens. verspricht dem Dithyrambenbichter scharf zuzusezzen, und zuckt jedesmal zurück, um sich in Präceptorpredigten zu verlieren. Was soll die Frage heissen: Kann man Deutsche Dithyramben machen? Kann man nicht Deutsche, so kann man auch keine Malabarische Dithyramben machen, was die Sprache betrifft; und bei Dithyramben dörfte diese nur zulezt in Betracht kommen. Was darf es der Recens. mit so vieler Gelehrsamkeit beweisen, daß wir keine Dithyramben übrig haben? der Verfasser dörfte dieses ja aus dem lieben E. Schmid allenfalls wissen! Und womit beweiset es der Kunstrichter denn, daß

* Litt. Br. Th. 21. p. 37.

daß wir nach den überbliebenen Nachrichten keine Dithyramben machen können; — höchstens! daß der Verfasser keine gemacht. Womit behauptet er es, daß jeder neue Geschmack verkehrt seyn muß, der von den Regeln des weisen Alterthums abgeht? Warum ist ein Deutsches Heldengedicht, eine Ode, eine Dithyrambe ohne Griechische und Lateinische Muster denn an sich unmöglich? Was thun die Pindarischen Oden des Leipziger Professors hier zur Sache? Auf welcher Classe muß denn der Dithyrambist sitzen, wenn er den Pindar intus et in cute kennen lernen, den ganzen Poeten in succum et sanguinem vertiren, und absolut erst nach 20 Jahren Imitationen nach der Pindarischen Digreßion über den Berg Aetna machen soll? Welch ein Schulton herrscht so durchgängig, so insonderheit S. 59 = 61. Welche Sammlung von Pindarischen Beiwörtern soll man (p. 70.) Friedrich geben? Wie lange muß noch der Dithyrambist Mythologie lernen, um nicht ihr System niederreissen zu wollen? Ist es wahr, daß Pindar sich keine Inversionen des Fabelsystems erlaubt, und alles so stehen läßt,

wie

wie es ihm vom Präceptor diktirt worden ist?
— Und nun endlich die beste und geistigste
Anmerkung wider die windichten, eitlen, jungen Menschen, die ihrem Mädchen zu gut Gedichte herausgeben — wobei freilich der Beweis mangelt, daß der Verfasser der Dithyramben so ein windichter, eitler, junger Mensch
sey, der eine Strafpredigt über sein Mädchen 6
Seiten lang anhören muß. Womit kann es der
Recens. beweisen, daß Pindar in seinen verlohrnen Hyporchematen und Dithyramben in einem
ernsthaften Philosophischen Ton trunken gerasset? Wie mag ein Compliment lassen, das man
nicht aus freiem Willen, sondern aus Muß
im Vorbeigehen macht? Und wie viel nimmt
der Recensent für ein Collegium, darinn er
zeigt, wie man Pindars ganze Manier zu
malen bis auf seinen Adler lernen soll, damit unser Deutscher Horaz auch für den Dithyrambisten eine Ode weihen müste? —
Meine Parenthese wird lang; aber dem Recensenten würde die Antwort auf meine Fragen
noch länger seyn, die ich auch, „aus einer mir
„angebohrnen Lebhaftigkeit, thue; nicht als
„Kritiken, sondern als eine kleine Hülfe, mich
„selbst

„ſelbſt auf den Weg zu bringen, und was ich
„denke, zu ſagen.„

Ich bin nichts minder, als der Verfaſſer
oder der Vertheidiger der Dithyramben; ich
habe ſelbſt mehr wider ſie, als die Litteratur=
briefe, aber wie ich hoffe, aus andern Grün=
den, und mit weniger Schulton. Ohnmöglich kann dieſe Beurtheilung von einem Ver=
faſſer der Litteraturbriefe ſeyn; vermuthlich
iſt ſie eingeſchickt; weil ihr Ton gewiß zu
merklich abweicht. — Aber gnug! meine
Parentheſe iſt zu Ende.) Können wir Di=
thyramben machen, Griechiſche Dithyram=
ben im Deutſchen machen? Originaldithyram=
ben machen?

Woher mag der Dithyrambe bei den Grie=
chen entſtanden ſeyn? Darf ich eine Hypo-
theſe verſuchen? — Hypotheſen muß man
verſuchen, wo man keine Nachrichten hat:
wäre Demoſthenes περι διθυραμβοποιων,
oder Ariſtotels größter Theil der Dichtkunſt
nicht verloren, ſo würden wir wiſſen, ſtatt
zu rathen.

Ein

Ein Volk in seiner Wildheit ist in Sprache, Bildern und Lastern stark: Trunkenheit und Gewaltthätigkeit sind die Lieblingslaster einer Nation, die noch Mannheit (ἀρετη) für Tugend, und trunkne Raserei für Vergnügen hält. Alle die feine Schwachheiten waren damals noch nicht, die heut zu Tage unsere Güte und Fehler, unser Glück und Unglück bilden, die uns fromm und feige, listig und zahm, gelehrt und müßig, mitleidig und üppig machen. Diese Trunkenheit gebar wilde Vergnügen, den ungezähmten Tanz, eine rohe Musik, und nach der damaligen ungebildeten Sprache auch einen rohen Gesang.

Nicht an Altären, sondern in wilden Freudentänzen entsprang also die Dichtkunst, und so wie man die Gewaltthätigkeit mit den schärfsten Gesetzen bändigte, so suchte man die trunknen Neigungen der Menschen, die jenen entwischten, durch Religion zu erhaschen. Ihre Götter trugen damals Keulen und Blitze: die sanften Gratien waren noch nicht geboren; man verehrte die Kräfte der Natur: rauh war ihr Gottesdienst, wie ihre Natur, durch

durch Opfer und Trunkenheit — und unter den ältesten Göttern war immer auch ein Oenotrius, ein Weingott; man heiße ihn, wie man wolle.

Jezt wurde also die trunkne Dichtkunst an die Altäre zur Entsündigung geführt. Hier befahl die Religion ihnen Trunkenheit in Wein und Liebe, und ihre Trunkenheit bequemte sich also wieder der Religion: ihr Gesang war voll von der thierischsinnlichen Sprache des Weins, und der Wein erhob sich wieder zu einer gewissen Mystischsinnlichen Sprache der Götter: ein heiliger Gesang in doppeltem Verstande. Die Priester, zugleich Dichter und Staatsleute, webten aus Rationalsagen eine Mythologie zusammen, die sich zu ihren rauhen Gesängen bildete, mit denen sie als mit einem Zaume, mit einem Stück des Gottesdienstes, mit einem Zeitvertreibe und Vergnügen das Volk lenkten.

Linus, den wir im fernsten Schatten als den Vater der Dichtkunst erblicken, schrieb noch mit Pelasgischen Buchstaben, den Feldzug des Bacchus. Anthes der Böotier sang Bacchische Hymnen: Orpheus, der Bezähmer der Griechen

chen durch Gesezze und Gottesdienst, weihte die Trunkenheit in seine Eleusinischen Heiligthümer ein, um sie zu bezähmen, daher er auch ihr Opfer wurde. Musäus und sein Sohn Eumolpus sangen ebenfalls den Bacchus — Kurz die ältesten Namen der Dichter, die beynahe selbst Fabeln sind, alle haben sich mit Bacchus beschäftigt.

Wozu sage ich alles dieses? Um zu zeigen, daß der Dithyrambe aus den Zeiten der Wildheit und Trunkenheit seinen Ursprung und Leben ziehe, daß wir also von ihm auch nach Beschaffenheit dieses Zeitalters urtheilen müssen. Entsprungen unter berauschten Tänzen des Volks führte man ihn in die Tempel, um ihn zu zähmen. Sein Inhalt, seine Sprache, Sylbenmaas, Bearbeitung, Musik, Deklamation, alles zeigt von der Zeit, die ihn hervorgebracht hat: er mag nun in Thebe, oder dem wollüstigen Korinth von einem oder dem andern erfunden seyn: gnug, es war noch eine Zeit, da sich die Delphine von dem Arion, dem angegebenen * Erfinder, bezaubern liessen.

* Wie Herodot anführt, den ich für mehr, als Fabelschreiber halte.

sen. Ich sage: sein Inhalt: denn da er den Vater des Weins, von seinem Blitzstrale getroffen, mit brausendem Munde sang, und in einer ehrwürdigen heiligen Trunkenheit sang: so paßt er am meisten auf den Abgrund der Zeiten, da man aus Aberglauben die Kraft einer göttlichen Gegenwart fühlte, da man mit starken sinnlichen Empfindungen begabt, den Eindruck der Jugendlehren und Nationalsagen beinahe zu einer wirklichen Anschauung erhob, da man aus Unwissenheit nicht blos die Fabelgeschichten als Wahrheiten glaubte, sondern mit der Einbildungskraft sie bis zum Leben ausmalte, und also die Begeisterung schmeckte, die Apoll über die Pythisse, Jupiter über die Sibyllen, Cybele über die Galler, und Bacchus über die Dithyrambensänger ausgoß. Daher naheten sich die letztern der Entzückung, die einer Raserei glich, Διονυσοιο ανακτος καλον εξαρξαι μελος οιδα διθυραμβον, οινω συνκεραυνωθεις Φρενας: daher fing er gemeiniglich mit dem begeisterten: αμφι μοι αναξ, an: daher jene Ausbreitung der Seele, die im Parenthyrsus der Trunkenheit und der Beschauung himmlischer Dinge ausrief:

Auditis

> Auditis an me ludit amabilis
> Infania? Audire et videor pios
> Errare per lucos:

daher jene göttliche Wuth:

> — — — immanis in antro
> Bacchatur vates, magnum si pectore possit
> Excussisse Deum: tanto magis illa fatigat
> Os rabidum, fera corda domans, fingitque
> premendo.

Und von dieser sinnlichen Begeisterung wurde die ganze Bearbeitung so belebt, daß Plato dem Dithyramben sogar die Nachahmung absprechen will. Voll kühner Bilder und großer Anspielungen folgte er keinem weitern Plan, als den innerlich die Einbildungskraft malte, äußerlich zum Theil das Auge sahe, und der Tanz foderte: und so war er ein Gemälde der Einbildungskraft aus der Bacchischen Geschichte, des Bacchischen Gottesdienstes, und des Tanzes: wo nüchterne Seelen wenig Verbindung, viel Uebertriebenes, und alles Ungeheur finden mußten. Und diese Bearbeitung, welcher Zeit war sie am angemessensten? Vermuthlich jener, da die Satyren reu Possenstücke, die Komödien Satyren, und Oden und Tragödien noch nicht geboren waren. Vor den regelmäßigen Stücken im schönen Stil muste das große wüste Unregelmäßige voran gehen.

Und eben diesem Zeitalter ist auch die Dithyrambische Sprache gemäß, die in Worten neu, kühn und unförmlich; in Constructionen verflochten und unregelmäßig war: eine Sprache, wie sie vor ihrer Ausbildung ist. Alsdenn hat noch jeder Sänger das Recht, neue Worte zu machen, weil man von ihnen noch keine gehörige Anzahl hat; sie können kühn zusammengesezt seyn, weil Form und Lenkung nicht gnug bestimmt ist. Hingegen eine völlig gebildete Sprache ist nicht Dithyrambisch, sondern vernünftig und mit Gesezzen umschränkt.

So auch das Sylbenmaas: Geseßlos, wie ihr Tanz und die Töne der Sprache; aber nothwendig desto Polymetrischer, tönender und abwechselnder.

So auch die Musik: Die Phrygische Musik, die rasend machte, die Steine belebte, zum

zum Treffen und Siege reif, und Empörungen in der Brust anrichtete; die nachher abgeschafft wurde, weil sie die Musik verdarb, die Plato aus seinem Staat und Aristoteles aus seiner Entziehung verbannte — Kurz! die älteste und roheste Tonkunst.

Alles also, was zum Διθυραμβωδες gehörte, Inhalt und Form, und Sprache und Musik und Sylbenmaas trägt Spuren des sinnlichen Zeitalters mit sich, wo alles dies, und dies allein bey dem rohen Volke seinen Zweck erreichte, und hier ist die Erklärung des Proklus: Διθυραμβος εστι κεκινημενοι και πολυ το ενσιωδες μελα χορειας εμφαινων, εις παθη κατας κυαζωμενος, τα μαλιστα οικεια τω Θεω.

So war der Dithyrambe, ehe er völlig Nachahmung wurde. Als aber die Griechen in ein gesittetes Zeitalter übergiengen; so ward ihre Religion über das Sinnliche mehr erhoben: ihre Begeisterung sank: ihre mehr gebildete Sprache entfernte sich von Dithyrambischen Freiheiten: ihr Sylbenmaas ward bestimmter und gebundener: ihre Musik Dorisch.

risch. Das wahre Διθυραμβωδες war also vorbei, und man suchte es nachzuahmen. Daher kann Aristoteles den Dithyramben unter die Nachahmende Poesie sezzen, ohne doch dem Plato zu widersprechen, der das Gegentheil, wiewohl in ganz andrer Verbindung, sagt. Es blieb noch immer ein festliches Vergnügen, sich in ihre Väterzeiten zurückzusezzen, und die Sprache, das Sylbenmaas, die Musik, die Denkart eines oder einiger erlebten Zeitalter zu gebrauchen.

In dieser mittlern Zeit, da sich das Dithyrambische gemildert hatte, mag es also die besten Gedichte dieser Art gegeben haben, die daher die Anfangsstücke verdrängten. Nachher aber trieben die folgenden die Kühnheit immer höher, um ihre Vorgänger übertreffen zu können; sie mischten, (nach Platons Zeugniß in seiner Republik), alles unter einander: und gingen verloren, weil die damaligen Zeitalter zu sehr den Geschmack der Dichtkunst, den Geist der Religion, die Stuffe der Sitten und Sprache verändert hatten.

Das

Daher legten sich auch, nach der wahrscheinlichsten Lesart im Cicero, die Römer weit minder (minus) auf die Dithyramben; bei denen der Atys des Catulls nur ein weitläuftiger Verwandte der Dithyrambenkühnheit ist. Der Himmel der Römer war nicht eigentlich mehr für diese Dichtungsart: ihre Religion war geistiger und Politischer: ihr Bacchus lange nicht der mächtige König der Griechen: ja selbst ihre käftere Adern fühlten nicht mehr so stark den Blißstral des Weins: sie ließen also die Reste der Dithyramben untergehen. Aristoteles bestätigt meine ganze Hypothese, durch die wenigen Worte, die er in seiner Dichtkunst vom Dithyramben einmischt, in dessen Stelle die Tragödien getreten seyn sollen.

Sollen wir also die Dithyramben zurückfinden? Erst beantworte man die kleine Frage: Könnten wir denn Dithyramben machen, wenn wir die Griechischen noch hätten? Von dieser Kleinigkeit hängt, wie ich glaube, alles ab; und ein Kenner der Griechen würde darüber den Kopf noch ziemlich schütteln. Wo ist bei uns eine Religion, die Bacchus

zum Gott und seine Gesänge ehrwürdig, hei=
lig, göttlich macht? Der Griechische Diony=
sius würde die Trauben unsres Landes, und
unsre Diethyramben wegwerfen, und ausru=
fen: procul profani! Wo ist bei uns der
Geist eines Zeitalters, da eine Bacchische
Begeisterung durch Wein und Aberglauben
sinnlich gewiß, oder wenigstens wahrschein=
lich würde? Die Begeisterung der Muse konnte
bei einem Griechen so mächtig seyn, als sie
bei uns oft so lächerlich wird, than Jugglers
talking to Familiar. — Wo sind unsere
Bacchische Gegenstände, die Heldenge=
schichten, die bei den Griechen von Jugend
an, durch Unterricht, und Gedichte und Ge=
sänge und Denkmale ihre Seele belebten?
Unsere Trinker wird der Rausch auf ganz
andre Gegenstände führen, als auf eine My=
thologie vom Bacchus, die für uns das Große,
das Poetischwahre, das dem Nationalgeist
eigne, und darf ich dazu setzen, fast ganz das
Licht der Anschauung verlohren hat! Wo ist
die Bilderwelt, die Welt, voll Leidenschaften,
die Griechenland in seiner Jugend um sich
sahe? Wir wandeln in einer Politischen
Wü=

Wüste. Wo ist die Dithyrambensprache? Die unsre ist viel zu Philosophisch altklug, zu eingeschränkt unter Gesezze, und zu abgemessen, als daß sie jene neue, unregelmäßige, vielsagende Sprache wagen könnte. Wo die Dithyrambischen Sylbenmaaße? da unsre Sprache und alle neuere selbst zum Hexameter, noch minder zu den Sylbenmaaßen des Pindars und der Chöre vieltrittig gnug' ist, und gegen Griechische Dithyramben völlig ungelenkig lassen müste. Wo sind denn bei uns die Tänze, die trunknen Bacchussprünge, an Freudenfesten? Der Dithyrambe gehörte ja so wohl zur Mimischen als Lyrischen Poesie: und wie könnten wir ihn also nachmachen, da wir die hohe Tanzkunst der Alten nicht haben, nicht kennen, und so gar selbst bei allen Nachrichten der Alten, nicht durchgehends begreifen können — Und von ihr bekam er doch Geist und Leben.

Aber wenn wir ihn alsdenn blos als eine Sache der Nachahmung betrachteten, bei der wir zwar nicht eben die Ursache, Zwecke, und Hülfsmittel des Originals hätten, aber doch eine neue, eine bessere Art der Gedichte bekämen? — Kaum! Dithyramben, nach dem Griechischen Geschmack nachgeahmt, bleiben für uns fremde. Das trunkne Sinnliche, was bei ihnen entzückte, wäre vielleicht für unsre feine und artige Welt ein Aergerniß; das Rasende in ihnen wäre uns allerdings dunkel, verworren und oft unsinnig, weil der Dithyrambist, der Weißager und Unsinnige mit zusammengeschlungenen Händen zu gehen scheinen, und ein Elektrischer Funke nach ihren verschiednen Körpern auch unterschiedne Wirkungen hervorbringt. Ihre Ungebundenheit würde für unsere Grammatische, und Aesthetische Gesezgeber Verbrechen wider die Regeln scheinen: die Einbildungskraft würde der gesunden Vernunft und dem Sens-commun unsres lieben Zeitalters Eintrag thun — Vielleicht trug alles dies dazu bei, daß die Dithyramben verloren gingen: und gäbe es Dithyrambensänger zu unsrer Zeit — wir würden ihnen einen Stier geben, um ihre Σωλασων zu bezahlen und sie reisen zu lassen. Weß aber sollte der Stier seyn, den wir ihm geben? — Des Volks nicht, denn er schriebe ja Dithyramben

ben nicht zu Tanzen und Mimisiren; sondern zu lesen! Der Grammatiker auch nicht; die würden vielmehr wider ihn schreyen! Der schönen Geister auch nicht; deren schönes Ideal möchte dadurch verlezt werden! Der ernsthaften Kunstrichter auch nicht — Er mache sich also fertig, ohne Stier nach Hause zu reisen.

Aber wie? er singe nach dem Geschmack seiner Zeit, mit einem kältern Feuer, ohne Gott Bacchus, ohne die Dithyrambische Kühnheit und Sprache, Deutsche Dithyramben? Deutsche Dithyramben sind ein Unding, gegen die Griechen betrachtet; und gegen unsre schon bekannte Dichtarten nichts neues! Ein solcher Dithyrambe nach dem richtigen Geschmack unsrer Zeit, ohne Bacchus, ohne Tanz, ohne Begeisterung, ohne Dithyrambische Sprache, in eingezognen Sylbenmaaßen gehört so wenig in den Bacchustempel, als jene Geschenke in den Tempel des Mars nach einem Griechischen Sinngedicht: * „Wer „hing diese glänzende Schilde, diese Blutlose „Waf-

* s. Anthol. 1. B.

"Waffen, diese unversehrte Helme hier auf?
"Dem Menschenwürger Mars solchen häßli-
"chen Schmuck? Will ihn nicht jemand aus
"meinem Tempel werfen? Ich erröthe ganz!
"Solche Verzierung gehört in eine Braut-
"kammer, an den Hof, in die Trinksäle fei-
"ger Säufer; nicht an den Altar des Mars!
"Blutige Waffen, zerbrochne Schilde, durch-
"stochne Helme, die sind mein Vergnügen!„
Alsdenn sind solche Deutsche Dithyramben
nach einem feinen Ideal unsrer Zeit — entweder hohe Oden der Einbildungskraft —
oder begeisterte Trinklieder; sie mögen seyn,
wie sie wollen. Alsdenn sind Uz, Leßing,
Weiße, Gerstenberg in seinem Gedicht:
Cypern: Schmid in seinem Noah, dem
Weinerfinder: der Verfasser der ersten
Cantate zum Scherz und Vergnügen
unsre Dithyrambendichter; oder vielmehr
unsre alte Trinkbrüder, die sich einen will-
kührlichen Namen geben.

Ich verzweifle also beinahe an Dithyramben, selbst wenn wir die Griechische hätten —
nun aber ist alles bis auf die wenigen Nachrichten verloren, die nicht einmal einen unter-
schei-

scheidenden Begrif von ihnen bestimmen. Ein Scholiast hat den andern ausgeschrieben, denn je weniger man weiß, desto mehr wiederholt man das wenige und ertappet vielleicht den Dithyrambendichter, so wie den Cometen, blos in seiner größten Eccentricität. Horaz in seiner Ode über Pindar hat ja keine Définition geben wollen, und gewiß daran gar nicht gedacht, daß jemand einmal jedes von seinen Worten auffädeln, und sich aus seiner Strophe einen Plan abzirkeln, einen Grundriß abzäunen würde, um in ihm künstlich zu rasen, nüchtern zu taumeln, bei Wasser ein regelmäßiges Evan! zu rufen. Die meisten Poetikenschreiber halten sich bei der πολυπλοκια der Worte auf, gleich als wenn dies ein Hauptstück und nicht eine nothwendige Folge des Dithyrambengeistes wäre.

Und überhaupt, da es schon eine kalte Begeisterung ist, die blos aus Beispielen aufgewärmt wird: so ists lächerlich, sich ohne Beispiele, durch Regeln; oder vielmehr ohne Regeln durch kleine Nachrichten, entzücken zu wollen; über Flicknachrichten sich einen Weg zur Begeisterung bahnen, aus

Lappland über Zembla nach dem Pindus rei=
sen: da hat der Dithyrambische Hegesan=
der recht:

μειρακιεξαπαται, και συλλαβοπευσελαβηται
Δοξοματαιοσοφοι, ζηταρετησαδαι.

Gnug von diesen Dithyrambischen Anmer=
kungen. Ich muß hier den Plan eines Freun=
des verrathen, der zu Christlichen und Deut=
schen Dithyramben Risse und Versuche ge=
macht hatte, die er aus dem Innern unsrer
Religion und Nation gezogen, die trunkne
Gesänge einer heiligen Religions= und
Staatsbegeisterung seyn sollten. Es er=
schienen unvermuthet Dithyramben: die
zwar gar nicht in seinen Plan fallen: die ihm
aber doch Gelegenheit zur Prüfung gaben,
und ihm bei seinen Arbeiten das nonum
prematur in annum rietben. Ich liefere
also von diesem Freunde nicht seine parado=
xen Dithyramben: sondern sein Urtheil über
die erschienenen eines Ungenannten: es ist
frei, aber nirgends hinterhaltend.

Das

Das Titelblatt verspricht uns Dithyramben: die Vorrede verspricht sie nur halb: und das Buch selbst liefert gar keine.

Zuerst: Der Kunstgrif, uns seine Sammlung von Liedern, als ein Ganzes in die Hände zu spielen, geht von der Einfalt der alten Dithyrambisten völlig ab. Und von der **Wahrheit** selbst: denn sind diese Stücke Theile zum Ganzen, weil sie auf einander folgen? So ist ja alles, was ich in einen Band binden lasse, auch ein Ganzes; aber kein Oden ganzes. Ich glaube doch nicht, daß um einen Sprung zu thun, Sicilien mit Johann Sobieski und dieser mit Peter gränzet. Der soll mein großer Apoll seyn, der mir zwischen diesen Stücken Zusammenhang nach Zeit, oder Ort, oder Inhalt, oder nach den Gesezzen der Einbildungskraft, findet. Vermuthlich aber nach den Gesezzen der Einbildungskraft — denn die erste Dithyrambe soll die Begeisterung wahrscheinlich machen. Nun! so hätte sie auch an die Jungfer Maria gerichtet seyn können, um (alles zugegeben,) die folgenden Gegenstände zu besingen. Dies wäre noch wenigstens ein er-

bau-

baulicher Standpunkt gewesen, um nachher Kirchenseufzer, an die heilige Mutter zu schicken — aber jezt ist es widersinnig, daß eine trunkne Mönade an dem Wagen Bacchus jezt Erdbeben, jezt eine Entsezzung der Vestung, jezt die Schöpfung eines Reichs, jezt Krieg, jezt Frieden finget, '9 Uhrwerke ablaufen läßt, und alsdenn vom Bacchus höflich Abschied nimmt. Folgt es wohl, aus der Begeisterung des Bacchus, Krieg und Helden, bald dies, bald jenes zu singen, was oft gar nicht in den Mund eines Säufers gehört? Die Mönade wird abentheuerlich, die sich jezt an den Wagen des Bacchus dränget, den Augenblick am Hebrus und Rhodope, den Augenblick drauf bei Naxos ist, wo sie, (die Weitsehende!) Tokay und den Rhein sieht, wo sie schwärmt, wo sie singen will hochfahrend, wie die Schwingen der Windsbraut, wo sie vom Bacchus begeistert, ausruft: hört! und an ihren Begeisterer und an seinen Wagen nachher niemals denkt, kaum an ihn einmal im Vorbeigehen denkt, da er durch einen Zufall eben über Meißens Geburge spazieren fährt, bis sie sich ihm endlich

em-

empfielt, und mit ihrer Daphne forteilt: nun
Vater! Bacchus hilf! — eine Mönade mit
der Daphne! eine Liebe zwischen zwei Mäd‑
chen! — die gute Mönade muß sich vor dem
Namen eines Bacchanten schämen.

Kein Ganzes also! und noch weniger ein
Bacchisches Ganzes! Das begeisterte αμφι
μοι αναξ der alten Dithyramben, schallt nie
in unsern Ohren; nie singt die Mönade, als
wäre sie am Wagen des Weingotts: gar kein
Standpunkt, den die erste Dithyrambe ange‑
ben will, in allen Stücken. Ist es Bacchus,
der da begeistert, oder bist du liebe Muse,

> Thou that with Ale, or viler Liquors
> Didst inspire *Wythers*, Pryn and Vickars
> And force them, tho it was in spite
> Of Nature, and their Stars, to write
> Who, as we find in sullen Writs
> And cross-grain'd Works of modern Wits
> With Vanity, Opinion, Want
> The Wonder of the Ignorant
> The Praises of the Author, penn'd
> B' himself, or Wit-insuring Friend
> Canst make a Poet, spite of Fate — —

Der Bacchus dieser Mönade, ist nicht der
wahre Bacchus: nicht jener schöne Griechi‑
sche

sche Knabe* „der die Gränzen des Lebens „betritt, bei dem die Regung der Wollust, wie „eine zarte Spitze der Pflanze, zu keimen an„fängt, der, wie zwischen Schlummer und „Wachen, in einen entzückenden Traum halb „versenkt, die Bilder desselben zu sammlen „und sich wahr zu machen anfängt, dessen „Züge voll Süßigkeit sind, dem aber die „fröliche Seele nicht ins Gesicht tritt — —„ Dieser schwindelt im Wagen: ihm glüht die Wange; er verschüttet den Becher: er lacht: er schlurft Tropfen! — Ein besoffner Satyr kann das seyn, nicht aber der Griechische Bacchus! Ich rathe der Mönade, ihm nicht zu folgen, damit es ihr nicht wie der Rhea gehe, die einen Kriegsknecht statt des Mars umarmte. — Und daß das gute Mädchen ihn wirklich verkannt habe: sehen wir aus der Dithyrambe: die **Himmelsstürmer!** hier, hofften wir, hier wird im Streit Dionysius eine Hauptperson machen: wir werden ihn im ganzen Lichte sehen:

— — Διο-

* Winkelm. Gesch. der Kunst Th. 1.

*--- Διονυσον εριβρομον, ευαϛηρα
Πρωτογονον, διφυη, τριγονον, Βακχειον ανακτα
Αγριον, αρρητον, κρυφιον, δικερωτα, διμορφον
Κισσοβρυον, ταυρωπον, αρηιον, ευιον, αγνον
Ωμαδιον, τριετη, βοτρυφορον, ερυασιπεπλον.*

Hier werden wir, wenn wir ihn mitten im Kampf erblicken, wie ihn die Alten malen, nicht ausrufen dörfen, wie jener Schiffer im Homer,* da er ihn ansahe: „Ent-
„weder Zevs ist er, oder der Apoll mit dem
„silbernen Bogen, oder Neptun: denn den
„sterblichen Menschen ist er nicht ähnlich,
„sondern den Göttern im Olymp!„ sondern als den Allmächtigen, als den Bändiger der Riesen und Ungeheuer, werden wir ihn sehen, oder wenn alles mißglückt: so kennen wir wenigstens seinen tapfern Esel, dessen Geschrei diesmal Siegbringend ist. — So hofften wir, aber alles vergebens! Die Riesen sind im Himmel; seine Zofe sieht zu: und rufft endlich mit offnem Munde:

  Welch ein Streit, o Liber!
  Sind Götter im Kampf mit Göttern!
        Bac-

* Hymne auf Bacchus.

Bacchus ermuntert sich aus seiner Schlaftrunkenheit: reibt sich die Augen, will nicht ins Feuer: endlich sehen wir ihn im Löwenpanzer, (den er vermuthlich lange gesucht haben muß) — aber dem schläfrigen Helden zum Glück redet Zevs Gewitter, und Evan erscheint nicht eher, bis die Feinde weg sind! — So unnüz ist er durchgängig: daher fragt die Mönade auch so wenig nach ihm, es sey denn, wenn er einmal Friedrich begegnet, und ausruft: das ist er, das ist er! daher gibt sie ihm auch den Abschied:

> Fahr hin, fahre hin, du Löwenbezwinger,
> Fahr hin, ich folge nicht mehr!

Nichts schlägt mehr fehl, als wenn man die *Bilderreihe*, die Folge von Auftritten verfolgt, die innerlich die Begeisterung und äußerlich das Auge leiten, die das vollkommene Dichterische Ganze bilden, was ein Gemälde weit übertrift, was vom Tonkünstler Melodie borgt, um sich zu beleben, was vom hohen Mimischen Tänzer gleichsam Bewegung annimmt: kurz, was Handlung heißt, das wahre Kennzeichen des Bacchischen Propheten!

Ich

Ich nehme das beste und einzige Dithyrambische Sujet in dieser Sammlung: die **Himmelsstürmer!** um dies fortgehende Gemälde aufzusuchen. Im Anfange gar kein Standort, und kein Gesichtspunkt, den Pindar doch seinen verworrensten Oden so sorgfältig, und wenigstens am Anfange und Ende einwebt, aus dem er sie herführt, einige mal zurückleitet und auf dem er sie krönet.

> Mit güldenen Säulen wollen wir,
> wie am prächtigen Pallaste,
> den vesterrichteten Eingang stüzzen:
> Denn wer ein Werk beginnet,
> der mache vortreflich den Anblick. *

Machen alle Dithyramben ein Ganzes aus: so taumelt die Mönade, nach dem Ende der vorigen Dithyrambe an Bacchus Wagen: und

> o Wunder!
> sie taumelt zurück in die Kindheit der Welt!
> entschlafne Aeonen vorbei.

So fiel jener Gascogner aus dem Fenster ein Maas von drei Jahren herunter! In die

* Pindar. ed. 6. Olymp.

die Kindheit der Welt zurücktaumeln! Ob Bacchus mit seinem Gefolge nicht selbst in die Kindheit der Welt gehört? Ist das Standort? Bacchus soll ja selbst im Treffen seyn: die Mönade soll ja den Sturm selbst sehen, nicht in Gedanken bis in die Kindheit der Welt zurücktaumeln: soll uns nicht etwas aus alten Aeonen erzälen, sondern vormalen, so vormalen, daß wir nicht ihr Gemälde, sondern die Handlung selbst sehen. So macht es schon Pindar der Odendichter — und Pindar der Dithyrambist? —

Die Handlung geht an: die Mönade sieht den Aetna rauchen; besinnet sich aber getrublg, daß vormals ein Himmelssturm gewesen: sie macht uns also davon eine Erzählung nüchtern, ohne Feuer und Gleichmaas: taumelt zwischen dem Präsens und Imperfectum: malt bald gegenwärtig, bald aus weiten Aeonen: ganz undithyrambisch schwankt sie zwischen der Idealischen und sinnlichen Gegenwart. Jezt sieht sie: der wurzelt den Caucasus aus; den Augenblick vorher: ich sah die Himmelsstürmer! den Augen-

Augenblick drauf: sie erthürmten sich Stuffen, sie leichten, sie schnoben — und plözlich:

„Welch ein Streit, o Liber!„
Sind Götter im Kampf mit Göttern?
Die Aegis klingt
Und du Lydus im Löwenpanzer!

Nun kommen wir endlich ins Feld, aber Schade! der Bacchante besinnt sich, daß Zeus Gewitter geredet habe, daß die Gebürge gekracht! Plözlich befällt ihn wieder der Paroxismus: „und ihr, und ihr? wo seyd „ihr? — Antwort: sie heulen ihm tief im „Bauche.„ Elend! wie kann der Bacchante seinem Bacchus Triumph zuruffen, dessen große Thaten er gar nicht gesehen? Hat er das denn in seinem Gesange gezeigt, was er nachher aufkreischt: Sie waren, sie kriegten, sie sind nicht mehr!

Und dies ist noch in Absicht auf die Oekonomie des μυθος der beste Gesang: Leser! ich bereite dich bloß, sie auch in andern zu suchen, und du wirst sie selten durchgeführt finden zu einem lebenden Ganzen. Sieht wohl die Mänade die Abreissung Siciliens? „Ellen lehrte es ihr: jezt (im Jahr 1766.)
„liegt

„liegt Trinakrien auf ihnen„ mit einem solchen Worte verliert die ganze Dithyrambe. Pindar ist seiner Sache gewisser: er will darauf vor allen Musen einen großen Eid thun. *

> Ου Φιλονεικος εων
> ετ' αν δυσερις τις αγαν
> και μεγαν ὁρκον ὀμοσσας
> τετογε οἱ σαφεως μαρτυρη-
> σω: μελιφθογγοι δ' επιτρεψαντι Μοισαι.

Und hat der Bacchante wirklich die edle Begeisterung gefühlt, die stets nach der höchsten Blüte greift, doch ohne Verzerrung des Arms. So wie sein Bacchus im Parenthyrsus der Trunkenheit sich als den Lermmacher zeigt: so ahmt sein Priester ihm nach, und macht überall ein Geschrey, das die Kälte erzeugt, die es verjagen soll.

> Welche Trunkenheit!
> Eleleu! welche Trunkenheit!

Ist dies je die Sprache des Gefühls, der Trunkenheit, die sich nicht trunken fühlt!

> Heilger Schauer!
> Schauer durchwühlet die Brust.
> Wie sie schwillt!

Ver

---

* Pind. Od. 6. Olymp.

Wer bricht je in diese Worte aus, der, sich selbst entrissen, empfindet und sieht! — Wenn man eine Sammlung unnatürlicher Ausrufungen lesen will: so hat man sie hier zusammen: bei Krieg und Frieden, bei Helden und Geschichten! — Nein! immer bleibt es doch wahr: das Feuer der Alten brennt: der Glanz der Neuern blendet höchstens, oder betriegt im Dunkeln, wie kaltes todtes, aber leuchtendes Holz.

„Alle vortrefliche Dichter singen nicht „durch Künstelep: sondern durch göttliche „Begeisterung; wie die Corybanten nicht mit „kalter Seele tanzen: so singen sie auch nicht „mit kalter Seele; sondern so bald sie in „die verschlungenen Labyrinthe der Harmonie „gerathen: so rasen sie, schwärmen gleich „den unsinnigen Bacchanten, die in ihrer Be„geisterung Milch und Honig aus Bächen „trinken — Auch die Dichter schöpfen aus „Honigquellen, und brechen, wie die Bienen „ihren Honig aus Blumen saugen, ihre Ge„sänge von den grünenden Hügeln der Musen. „Wahrlich, ein Dichter ist ein flüchtiges, ein „heiliges Geschöpf, das nicht eher singen „kann,

„kann, bis es von einem Gott ergriffen,
„außer sich gesetzt wird. Alsdenn singt je-
„ner Lobgesänge, dieser Dithyramben.*„ —
In der That! ich wollte lieber diese wenige
Worte gefühlt, als alle zehn Dithyramben
gesungen haben: und doch fand der so begeisterte Sokrates, sich blos tüchtig — Aeso-
pische Fabeln zu schreiben: also möchte mancher Dithyrambist auch in das Feld gehören,
mittelmäßige Dialogische Fabeln zu schreiben,
aber „vom Verfasser der Dithyramben.„

Aus der Vereinigung der beiden berühr-
ten Stücke, der Begeisterung, die eine Folge von Gemälden leitet, entspringt das, was
man im Pindar, als Unordnung bewundert,
was man zu seinem Schwunge, und den
Sprüngen seiner Ode rechnet. Es ist immer ein besonderer Einfall,** den Einfall des
großen Youngs von seiner Höhe abzubrechen,
und im Pindar eine Aristotelische Logik zu
suchen. Pindars Gang ist der Schritt der
begeisterten Einbildungskraft, die, was sie
siehet,

* Platons Jo.
** de logica Pindari: ein Programm von eben
dem Verf.

siehet, und wie sie es sieht, singt; aber die Ordnung der Philosophischen Methode, oder der Vernunft, ist der entgegengesezte Weg, da man, was man denkt, aus dem, was man sieht, beweiset. Diese lezte im Pindar zu finden, ist noch wunderbarer, als die Ordnung, die Rückersfelder und E. Schmid in ihm fanden; sie aber, wenn sie auch in Pindarischen Oden wäre, auf Dithyramben anwenden zu wollen, verunziert viele Stücke, wo das historische Thema viel zu sehr durchschimmert, als das stattliche Gebäude zu seyn, womit Pindar seinen Odenplan vergleicht. Wer auch nur von einigen Pindarischen Oden sich selbst völlige Rechenschaft zu geben weiß: wird das beständige Hüpfen und rückweise Fliegen unsers Dithyrambensängers doch nicht mit dem gewaltigen Zuge des Pindarischen Adlers vergleichen, der sich nicht auf Noten und Phrases stüzzt, der nicht zurücksieht, ob man ihn auch erreiche: sondern

— — er glüht, er glüht,
wenn er zur Sonne zielt, und in ihr Feuer steht
mit starkem unverwandten hellen Blicke,
bis er am Thron des Zeus die siebensache Last
der Donner mächtig faßt. —

Wenn Pindar sich von seinem Punkte in der Einbildungskraft zu verlieren scheint: so findet er sich mit desto größerem Pomp, hier mit einem allgemeinen hohen Spruche, dort mit einer Anrufung an die Muse ꝛc. zurück: So fließt ein majestätischer Strom, reich um Arme auszulassen, und sparsam, sie wieder an sich zu ziehen, in seinem breiten Bette fort, und wälzt sich mit hundert Händen brausend vom Felsen herab, um sich im Thale zusammen zu finden: ein großer gewaltiger Strom, der Name seiner Gegend; — aber ein Regenguß, der sich aus den Wolken auf Sand ergoß, zerfließt mit hundert Aesten ohne Stamm im Sande: er verliert sich Namenlos und ist nicht mehr.

Und wo ist des Di:hyramben Sylbenmaaß? Er spielt auf einer Pfeife mit zwei und einem halben Ton: wo ist die Sprache? Wo verräth er die Freudentöne, die ein allmächtiger Griechischer Tanz belebte, der dem Bacchus nacheiferte, der die höchste Musik, die stärkste Deklamation, die größte Dichterei vereinigte? — dazu sind gar keine Gegenstände

ſtände und Anlagen, und dem einzigen Johann Sobieski ſchenken wir ſeinen Tanz.

O Marſyas! ſo rief die Dithyrambiſche Flöte vom Munde, die dich wie den Alcibiades verunziert: erſt lerne von den Griechen Bacchiſche Gegenſtände wählen, dränge dich zu ihren Chören, Feſten und Tänzen: lerne den Vater des Weins, in ſeiner ganzen γενεσι und in ſeinen Thaten kennen: koſte, aus den Dichtern, und aus dem Dichteriſchen Plato etwas von dem heiligen Trank der Corybanten; ſtatt dich bey elenden Commentatoren aufzuhalten, die einander ausgeſchrieben, lerne vom Pindar nichts ſterbliches zu ſagen, und prüfe deine Verſuche nachher nach dem, was uns Lucian noch zu guter letzt von den Griechen verrathen hat.

To διδαξασθαι δε τοι
ειδοτι ραϊτερον. Αγνωμον δε, το μη προμαθειν.
Κυφοτεραι γαρ απειρατων Φρενες.*

Ich rufe dies unverdeutſcht dem Verf. zu, dem ich aus vielen Urſachen wünſche, Pindar

* Olymp. Od.1 8. p. 216. nach der Schmid. Ausgabe.

bar zu seyn: theils weil wir ein gemeinschaftliches verschrieenes Böotien haben: theils weil in ihm allerdings Genie hervorleuchtet — zwei Ursachen, weswegen Pindar seinem Landsmanne zurief: *

Δοξαν εχω τιν' επι
Γλοσσα ακονας λιγυρας,
α μ' εϑελοντα προσελκει
καλλιροοισι πνοαις. Ματρομα-
τωρ εμα Στυμφαλις ευανϑης Μετωπα.
Οτρυνον νυν εταιρες
γνωναι τ' επειτ', αρχαιον ονειδος αλα-
ϑεσι λογοις ει φευγωμεν, Βοιωτιαν
υν. Εσσι γαρ αγγελος ορϑος
ηυκομαν σκυταλα Μοισαν, γλυκυς
κρητηρ αγαφϑεγκτων αοιδαν.

Würde ich die Himmelsstürmer singen: so finge ich an, wo jezt die Dithyrambe aufhört, bey dem Triumphsliede nach der Schlacht. Hier würde ich als Bacchante, mit meinen Schwestern, den Mänaden, alle Thaten unsers Königes und seines Silens, den Siegbecher in der Hand, so herjauchzen, als Gerstenberg in seinen Prosaischen Gedichten

* Ob. 6. Olymp. p. 160. 61.

dichten bey einem Mahl im Himmel die Götter singen läßt. Alles müste Bacchisch seyn: der Nektar die Ursache des Anfalls, und der Nektar die Folge und der Nuze des Siegs. Den grossen Peter würden Mönaden singen, die bei dem ersten Bacchusfeste zu Astrakan, die Thaten dieses Noah, und alsdenn auch die ganze Schöpfung Rußlands mit einer vergnügten Redseligkeit preisen. Meine Dithyrambe auf den Krieg würde einen Weinberg zum Standort haben: in der Nähe eine Schlacht: Bacchus erscheint: die Schwerter werden Thyrsusstäbe, die Berge voll Blut, Hügel mit Strömen von Blut der Trauben. — Die Friedensdithyrambe würde auch anders: und Peter Feodorowiz und Sobieski und Friedrich auch: Sicilien fiele weg — und im Detail müste sich alles ändern, wenn nicht der Titel sine vitulo, ohne den Preis der Dithyramben bleiben soll.

Ich beschließe, da meine Beurtheilung schon eine Rhapsodie Pindarischer Stellen gewesen, für die Leser, die sich an so viel Griechischen Worten geärgert, mit einem

Didakti-

Didaktischen Trinkliede, das freilich nicht so sehr vom Trinkliede abweichen möchte, als die Dithyramben von ihren Originalen. Es hat zwar* „immer eine Schwachheit an „sich, der die mehresten unsrer Poeten unter„worfen sind (daher sind sie auch windichte, „eitle, junge Menschen. Es vertauscht offen„bar den männlichen ernsthaften Lehrton ge„gen einen tändelnden;), aber wer kann sich helfen, es sagt doch die Dithyrambische Meinung eines Freundes über Griechische Dithyramben.

 Dithyramben soll ich singen,
hier bei Deutschem Wein?
Nein! hier soll kein Griechisch Lied erklingen,
Deutscher Vater Bacchus! Nein!

 Haben diese Trinkpokale
Dithyrambenmaas?
Und daß ich Gesang des Bacchus wähle,
reichst du wohl, mein kleines Glas?

 Um mich tanzt wohl eine Schöne
Dithyrambenkranz?
Und ersängen wie Epodentöne
diesen Kuß und diesen Kranz?

         D so

* s. Litt. Br. Th. 21. p. 79.

O so mögen Epheukronen
und ein hagrer Stier,
Alter Pindar! dir Gesänge lohnen;
doch nicht Weiße, Uz und mir.

Deine Dithyrambenkränze
hat die Zeit geraubt.
Sieh! Entkränzter! sieh! wie frisch ich glänze
ganz mit Rosenduft umlaubt.

Denn was gehn mich Türkenkrieger — 1)
Himmelsstürmer 2) an?
Peter 3) pflanzte Wein! — ha! nicht der Sieger,
Er als Noah ist mein Mann!

Daß der Krieg 4) die Hölle mehre
seufzt ein Kirchenlied!
Nur daß er auch Berge Wein verheere,
Darauf flucht mein heilig Lied!

Immer singe Friedrichs 5) Thaten,
braver Grenadier!
Eins nur! den Regierer seiner Staaten,
den Champagner, laß er mir.

Immer ras' auf Pindars Leyer
hohe Dichterwuth!
Mich — mich hizzt des Rheinweins edles Feuer
bis zu eines Trinklieds Glut.

Wenn denn dies mir von den Sprößen
Lust und mehr erzwingt;
Wenns denn den vom Wein entschwornen Blöden
zitterndkühn zum Kelchglas bringt;

Die

1) 2) 3) 4) 5) s. die Dithyramben.

O so könnt ihr rasend machen,
die ihr rasend singt —
Laßt uns, Brüder! trinken, singen, lachen!
Da mein Lied den Becher schwingt!

3.

Anakreon und Gleim.

Zwei Vergleichungen sind mißlungen; aber der Tejische Sänger, milder und herablassender, macht mich kühn, ihn mit unserm Anakreon, dem lieblichen Gleim, zu vergleichen. Wir haben mehr Anakreontische Dichter, als ihn, wenn wir das Anakreontisch nennen, was von Liebe und Wein singet: wenn wir aber das $\mu\epsilon\lambda o\varsigma$ des Anakreons im Auge behalten, das meistens ein klein Gemälde von Liebe und Schönheit enthält: so wird man gleich die Liebes- und Weinlieder des Leßings, Weiße, Uz, Hagedorns und selbst einige Gleimische als eine besondere Classe Anakreontischer Gedichte ansehen. Ich nehme also nur von Gleim seine zwo erste Sammlungen, und die sieben Gedichte

dichte nach Anakreons Manier zur Vergleichung. Es ist eine feine Kritik nöthig, um bei solchen liebenswürdigen Kleinigkeiten den Charakter des Sängers zu ertappen; und eine noch feinere, zwei aus so verschiednen Gegenden und Altern zu vergleichen — einigen wird meine Parallele kindisch vorkommen; aber diese einige sind meistens solche, die es zu ihrer Beruhigung gar für unnütz halten, über Possen zu denken.

Anakreons Bilderchen nähern sich meistens einem kleinen Ideal von Schönheit und Liebe; und wenn sie dies nicht erreichen wollen, so sieht man ein feines Porträt, nach dem schönen Eigensinn eines Vorfalles, oder Gegenstandes gebildet: ein allerliebstes Griechisches Liedchen, das die Gelegenheit charakterisirt, die es gebar. Die erste Gattung schwingt sich auf zur feinen Idee der Wohllust überhaupt; die zweite, die in die Umstände eines Individualfalls gräbt, nähert sich der ersten, und wo sie ihr nachbleibt, giebt sie sich eine Art von Bestimmtheit, Spuren der Menschlichkeit, die wie ein Grübchen im Kinn, der Eindruck des Fingers der Liebe, wie

wie das Lispeln des Alcibiades selbst mit zur Schönheit wird —

Unsere gemeine Anakreontisten sind Fledermäuse, die in der mitlern Region bleiben, das Ideal nicht erreichen, nd bei Andeutung des Vorfalls niedrig werden. Aber Gleim ist hier der Vergleichung werth: er verschönert mehr, als die Französischen Anakreontisten, weil er die Rei e der Natur blos zu erheben sucht; nur steht er dem Tejer nach. Ein Drittheil seiner Liederchen sind schöne Porträte, bei denen der Vorfall durchblikt; zwei Drittheile aber kämpfen zwischen dem eignen Ton und der Annäherung zum Griechen: erhaben über die Aehnlichkeit, und noch entfernt vom Allgemeinen. Nun weiß man aber, daß die Griechen ihre gute Ursachen hatten, bei ihren Olympischen Säulen lieber auf Schönheit, als Aehnlichkeit, zu sehen. Daher ist im Alten mehr Einfalt: Einfalt, die sein Ganzes gebildet hat, und die ich an Theilen nicht bemerken durf. Im Neuen herrscht sie mehr im Detail, und im Ganzen ist oft statt der schönen Einfalt, Kunst bemerkbar. Man vergleiche Anakreons Taube

und

und Gleims Möpschen, Gleims Maler und Anakreons Maler, Anakreons Chrysos und Gleims Sünde u. s. w. bei nachgebildeten Stücken fällt der Geist beider Künstler in seinem Unterscheide am ersten in die Augen. Der Alte kennet sich gleichsam minder; der Neuere läßt uns sein Schönes durch Vorbereitungen und Folgerungen empfinden, und schließt oft ein Lied voll Griechischer Einfalt, mit einem Französischwizzigen Einfall, der ein Opfer für unsern wizzigen Geschmack ist.

Beide Dichter sind Söhne der Grazie, und Gleims Bild steht nicht ohne Bedeutung vor der Winkelmannschen Abhandlung über die Grazie; allein der Grieche malet uns doch mehr eigentlichen Reiz; dieser öfter Schönheit: jener zeigt den Reiz in Handlung, und die Empfindung in Wirkung; dieser aber alles mehr in Worten, und Beschreibung. Daher rührt bei dem Deutschen der Reichthum an Worten und Wendungen, die die Oberfläche verschönern; das Erläuternde, das dem Leser gleichsam helfen will, darüber oft die Kürze verliert, und aus dem

Con-

Contour weichet. Das schöne Stük: der Tod einer Nachtigall, dörfte in allem diesem leiden; und durchgängig mehr todte Kunst, als lebende Natur in unserm Landsmann anzutreffen seyn.

So wie Anakreon für einen Griechen durch seine kleine Umstände, Neuheit gnug hatte: so unterscheidet sich der unsrige am meisten durch einen gewissen geistigen Reiz, den er vor dem Griechen seinen Liedern ertheilet. * Da dieser Unterschied nun feiner ist: so fällt auch die Mannichfaltigkeit minder in die Augen, und seine gemeinen Nachahmer werden daher so bald einförmig, daß man von ihren Stücken sagen kann, was jener von den Franzosen behauptet: wer drei kennet, hat sie alle gesehen.

Ich habe in allgemeinen Beobachtungen geredt, und erwarte von Gleim bei der neuen

* Die Lieder nach dem Anakreon von Gleim sind, nachdem ich dies geschrieben, erschienen; ich glaube aber, sie bestätigen meine ganze Parallele sehr augenscheinlich, wenn ich sie als Nachbildungen, nicht Uebersezzungen, betrachte.

neuen Ausgabe seiner Gedichte vielleicht eine
weit bessere Praktische Bestätigung, als ich
habe zeigen können: um ihn Anakreon zu
nennen. Ich habe diesen Namen von der
Taube des alten Griechen gehört, die ich unver=
muthet antraf.

Anakreons Taube.

Woher du, liebe Taube?
Woher so reich an Salben,
in deren Duft du schwimmest
und sanft die Flügel schlägst —
Wohin gilt deine Reise?

„Du kennst mich nicht mehr, Alter!
„Anakreons Gespielin,
die mit ihm trank und lachte
und sich aus seinen Händen
die goldnen Körner raubte
und schlief auf seiner Leyer
und vor der Morgensonne
ihn in den schönsten Träumen
mit ihren Flügeln deckte —
Kennst du mich noch nicht, Alter?

Ach! ich hab' ihn verloren!
um dessen Grab die Amors
und Grazien einen Hain

von Ros' und Myrth gepflanzet;
hier hab ich lang und immer
vergebens! meinen Herren
beseufzet — und gegirret!

Zwar schenkte mich Cythere
statt seines schönen Sperlings
bald einem ihrer Knaben; *
der gab mir viel zu fliegen,
zu essen und zu trinken
und doch mußt' ich entfliehen! —
Und habe lang auf Bergen,
auf Feld und Baum gewohnet,
und mich schon alt geändret,
bis mich für meine Treue
Cythere einem zweiten
Anakreon jetzt schenket.
Dem hat sie mich geschmücket,
dem wieder jung gesalbet,
dem schickt sie dieses Kränzchen,
der wird mich willig pflegen.

Nun Wandrer, weißt du alles
von deiner alten Freundin.
Fast ist mein Duft verflogen,
fast machtest du mich schwatzhaft,
wie S. * und P. * * Spatzen.

* Catull.

4.

Tyrtäus und der Grenadier.

Aber Gleim gilt bei mir in einem andern Gesichtspunkt noch mehr — er ist unser Grenadier.* Tyrtäus und der Grenadier — ich glaube bei dieser Vergleichung eine zuversichtliche Miene annehmen zu können. Jener war das Geschenk des Orakels für Sparta, wie dieser für den Ruhm Deutschlands: ich sage nicht, für den Ruhm seines Heers, weil dieses vielleicht einen Tyrtäus nicht so nöthig hatte, als das muthlose Sparta. Daß der Deutsche nicht durch seine Lieder eben dasselbe Verdienst, und eben denselben Lohn hat erlangen können: liegt nicht an seinen Gesängen, sondern an unsrer unpoetischen Zeit, in der man nicht mehr, wie in Griechenland den Musen, vor der Schlacht opfert. Dort wären seine Lieder unter Pauken- und Trompetenschall erklungen: sie hätten die Fahnen voll Muth empor geschwungen, die Schwerter entblößt, dem Feinde Panisches Schre-

* Litt. Br. Th. 17. p. 6. 7.

Schrecken zugetönt: sie wären, wie Justin es vom Tyrtäus sagt, hortamenta virtutis, damnorum solatia, belli consilia gewesen: tantum ardorem militibus iniecissent, vt non de salute, sed de sepultura solliciti, tesseras insculptis suis et patrum nominibus, dextro bracchio deligerunt, vt si omnes aduersum proelium consumsisset, et temporis spatio confusa corporum lineamenta essent, ex indicio titulorum tradi sepulturae possent. — Sie hätten Sparta den Sieg, dem Sänger das stolze Bürgerrecht in Sparta, und das noch stolzere Geschenk: die Unsterblichkeit, gegeben. „Wenn Gleim „es hätte dahin bringen können, daß die „Kriegeslieder des Preußischen Grena„diers in des gemeinen Soldaten Hände ge„kommen wären: so müste er in den Preußi„schen Staaten unter den Dichtern den er„sten Rang nach den erbaulichen haben." * In Absicht auf sein Verdienst; jetzt hat er wenigstens das Verdienst um die Ehre seiner Nation, daß er Nationalgesänge gesungen,

* Abbt vom Verdienst p. 367.

sungen, die keiner unsrer Nachbarn hat, keiner unsrer Nachbarn uns entwenden kann, und die vielleicht mehr als Tyrtäisch sind.

Sie sind Nationalgesänge: voll des Preußischen Patriotismus, stüzzen sie sich auf die jedesmaligen Umstände ihrer Gelegenheit. Der Grenadier redet von großen bekannten Begebenheiten, die jedermann aufmerksam machen: die Heroischen Gesinnungen, der Geiz nach Gefahren, der Stolz für das Vaterland zu sterben, ist seine einzige Begeisterung: hier hat einmal ein Deutscher Dichter über sein Deutsches Vaterland ächt und brav Dautsch gesungen: ohne an andre Nationen sein Genie zu verpachten.

Und solchen Grenadier hat vielleicht keine Nation von unsern Nachbarn. Ich habe viele Französische Gedichte im vorigen Kriege gelesen, die auch den Ton des Patriotismus gegen die Engländer angestimmet haben: allein wenn wir viele Grenadiers hätten, —

So schlagen wir sie mit Gesang
Wie Friedrich mit dem Schwert.

Das Gespräch mit der Deutschen Muse redet hier an meiner statt gegen die Franzosen; und von den Englischen Dichtern ist mir in den neuern Zeiten kein Stück bekannt, das so viel als die Kriegslieder wiegen sollte; die alten Ballads nehme ich aus, mit denen wir uns freilich nicht messen können.

Und die beste seiner Schönheiten sind dazu unübersezbar." Die edle Einfalt, die Deutsche raube Stärke, die Hoheit und Kürze seiner Bilder, Schwung und Kolorit, alles ist so sehr in die Laune, und in den Wohllaut unsrer Sprache eingetaucht, daß diese wenige Stücke gleichsam ein Gränzstein seyn können, wo unsre Dichtkunst an Franzosen und Engländer gränzt. Die Sprache des Grenadiers kann, ohne zu verlieren, weder in Französische Prose noch Poesie übergetragen werden, und von der Englischen Poesie, die von Beiwörtern und Bildern strozzet, ** unterscheidet sie sich eben so glücklich. Diese Sprache ist die wahre Deutsche Nationallaune; ihr Deutsche!

* Litter. Br. Th. 16. p. 50.
** Kleists Werke: 2ter Th. Pros. Aufsätze.

sche! müßt ihr schon nachahmen, so ahmt lieber eure Landesleute nach, als fremde Nationen, um lächerlich oder verächtlich zu werden.

Wir haben also wirklich einen Tyrtäus, und wenn wir den Plan der Stücke, und einzelne Theile betrachten, noch mehr, als ihn. Plato würde unserm Landsmann den Titel eines Göttlichen nicht abgeschlagen haben, und wenn die unwissende Zeit seine Werke so ungerecht verzehren sollte, als die meisten des Tyrtäus: seine eilf Kriegslieder haben mehr Unrecht auf die Unsterblichkeit, als die Griechischen vier.

5.

Theokrit und Geßner.

Von allen Werken des Schweizerischen Geßners liebe ich seine Idyllen am meisten, und will sie mit den Idyllen des Theokrits vergleichen: sie verdienen dies mehr, als die Idyllen des Fontenelle und Pope. Ich will

will den feinen Bemerkungen des Kunſtrich-
ters * folgen, ſo fern ſie zu meiner Vergleichung gehören, und ſo fern ich ihnen beiſtim-
men kann.

„Man kann entweder die **Beſchäftigun-**
„**gen und die Lebensart,** oder die **Empfin-**
„**dungen und Leidenſchaften der kleinen**
„**Geſellſchaften** betrachten. Sowohl die
„Lebensart, als die Empfindungen, können
„entweder der Natur gemäß, gleichſam
„porträtirt, oder nach dem Ideal ver-
„ſchönert werden. Hier iſt in wenig Wor-
„ten die Beſchreibung von viererlei Arten von
„Gedichten, die alle zu einer Hauptklaſſe, den
„**Landgedichten** überhaupt, gehören. 1) Die
„**Beſchäftigungen von kleinern Geſellſchaften**
„**nach der Natur.** 2) Eben dieſelbe nach dem
„**Ideal.** 3) Die **Empfindungen und Leiden-**
„**ſchaften der kleinern Geſellſchaften nach der**
„**Natur.** 4) Eben dieſelbe nach dem Ideal.
„Die erſte iſt das eigentliche Landgedicht:
„die zweite kommt mit der Beſchreibung des
„goldnen Weltalters überein: die dritte iſt ei-
„ne

* Litter. Br. Th. 16. p. 113.

„ne Art von Landekloge, die nicht ganz zu „verwerfen ist: die vierte ist die wahre Idylle „Theokrits, Virgils und Geßners. Was „ist nunmehr die Idylle? Nichts als der „sinnlichste Ausdruck der höchst verschö- „nerten Leidenschaften und Empfindun- „gen solcher Menschen, die in kleinern „Gesellschaften zusammen leben.„ * — Der sinnreiche D. mag als Beobachter Recht haben, in der Anwendung finde ich einige Bedenklichkeiten.

Zuerst: Landgedicht, Ekloge und Idylle: der Sache nach mag ihr Unterschied wesentlich und nothwendig seyn; wer aber gibt den Worten den allgemeinen Werth: du sollst eben das bedeuten! Unser Kunstrichter glaubt mit Schlegel einerlei unter Landgedicht zu verstehen, und es ist zwischen ihnen doch ein Unterschied. Schlegel versteht darunter blos ein Landschaftsstück, eine Schilderung der Gegenstände der Natur; D. meint ja schon Beschäftigungen darunter, und also wirklich Handlung,

* p. 124. 125.

lung, was jener doch schon zur Ekloge rechnet: der Franzose versteht wieder was er will, unter Idylle und Ekloge: wenn auch nur 10 Stücke von Theokrit und Virgil alsdenn noch Eklogen seyn könnten; gnug wenn er nur seinen Fontenelle behält; ein Deutscher wirft den Fontenelle. heraus, wenn er nur seinen Geßner behält — So bestimmt ein jeder willkührlich, und weil kein gesetzgeberischer Aristoteles vorgearbeitet hat, ohne Einheit.

Was ist zu thun? Theokrit, Moschus und Bion haben Idyllen geliefert: aus Ihnen abstrahire man also den Begriff der Idylle. Virgil hat seine: Eklogen: genannt; um den Unterschied der Namen zu bestimmen, bestimme man den Unterschied der Werke. Nun vergleiche man die Neuern mit den Alten: wie sind sie von ihnen unterschieden, um neue Klassen zu formiren? wie viel Gattungen gäbe es, die noch ungebraucht sind? Und was ist endlich das Landgedicht überhaupt?

Zuerst also! Wenn es vier Arten von Landgedicht gibt, welche ist die älteste? Porträte, und

und schlechte Porträte sind eher, als Ideale, als höchst verschönerte Ideale; so müssen auch die erste Landgedichte gewesen seyn. Könnte dies nicht eine Ursache seyn, (wenn gegen den Eigensinn der Zeit noch muthmaßliche Ursachen gelten,) warum vor Theokrit alle Landdichter verloren gegangen sind, warum selbst die meisten Gedichte seines Lehrers, Bions, verloren gegangen sind: weil sie vielleicht die Natur noch zu gemein porträtirt haben? Nur Theokrit, ein später Dichter, wurde der erste Anfänger einer goldnen Epoche, weil er eben den Zeitpunkt in den Landgedichten erreichte, daß seine verschönerte Natur auch seinen Zeitaltern gefallen konnte.

Aber welche Natur hat er verschönert? Beschäftigungen? Oder Empfindungen und Leidenschaften? Der Anfang der Dichtkunst ist wahrscheinlich eher von Leidenschaften, als bloßen Beschäftigungen gewesen; diese waren theils nicht werth, theils nicht hinreichend gnug, um Dichterei hervorzubringen. Dies bestätigen die ältesten Beispiele, und die Känntniß der ersten Zeiten noch mehr.

Erst

Erst Leidenschaft, denn Empfindung, denn Beschäftigungen, und endlich todte Malerey: so ist der Gegenstand der Dichtkunst nach verschiedenen Zeitaltern gesunken. Eben derselbe Schritt, wie aus der Idylle, der Schäferdichterei, eine Ekloge, ein Landgemälde entstanden, hat eine andere Veränderung zur Parallele, wie aus der Homerischen Iliade, eine Aeneide, aus dem εδος des Pindars, eine Ode des Horaz; aus dem μελος des Anakreons, eine Tändelei Catulls geworden: jene redeten durch Ausdruck und Handlung, diese redeten durch Worte und Schilderungen: jene bewegten durch das, was sie zeigten, durch Empfindung; bei diesen kam es sehr in Betracht, auf was Art sie es vorzeigten — Kurz! wenn Idylle das Landgedicht ist, das Leidenschaften und Empfindungen kleiner Gesellschaften auf die sinnlichste Art ausdrückt, so ist Theokrit ein Idyllendichter, und zwar der vollkommenste unter allen, die ich kenne.

Aber Empfindungen und Leidenschaften nach dem Ideal?* Höchstverschönerte Leiden-

* p. 184. us.

Leidenschaften und Empfindungen? Eine Leidenschaft, eine Empfindung höchst verschönert, hört auf, Leidenschaft, Empfindung zu seyn: zweitens, sie hat keinen sinnlichen Ausdruck: das höchste Schöne hat kein Bild. Wir wollen diese zwei Ursachen sehen! Ein Schäfer mit höchst verschönerten Empfindungen hört auf, Schäfer zu seyn; er wird ein Poetischer Gott: das ist nicht mehr ein Land der Erde, sondern ein Elysium der Götter: er handelt nicht mehr, sondern beschäftigt sich höchstens, um seine Idealgröße zu zeigen: er wird aus einem Menschen ein Engel: seine Zeit ein gewisses Figment der goldnen Zeit. —— Und profitet der Dichter dabei? Ohnmöglich! Uns rührt nichts, was nicht mehr Mensch ist: Götter, die nicht menschlich werden, bewundern wir höchstens mit kalter Bewunderung: so entgeht dem Dichter viel von seinem Zweck: und noch mehr von der Mannichfaltigkeit seiner Charaktere. Wenn ich immer die höchst verschönerte Schäferlarve sehe, so verliere ich die Verschiedenheit menschlicher Gesichtszüge: dem Dichter entgehen zehn Situationen;

nen; dem Leſer zehnerlei Vergnügen. Kurz! aus eben den Urſachen, warum derſelbe Kunſtrichter von der Bühne und aus der Epopee * das Ideal der Vollkommenheit verbannen will, verbanne ichs aus Arkadien; es ſchafft Unfruchtbarkeit, Einförmigkeit, und ſchränkt die Erfindung ein.

Ich will aber keine Abhandlung über das Schäfergedicht ſchreiben: ſondern nur den Charakter der Theokritſchen und Gesſnerſchen Idyllen beſtimmen, und eben dies hat mich ſo weit geführt. Der Kunſtrichter ſagt, „Empfindung und Leidenſchaften nach „dem Ideal: das iſt die wahre Idylle „Theokrits, Virgils und Geßners.„ Wie? dachte ich, alle drei nach einem Ideal? alle drei höchſt verſchönert? Der Kunſtrichter raubt mir mit ſeiner Eintheilung allen Unterſchied, den ich ſo oft zwiſchen allen dreien empfunden, und Empfindung läßt ſich nicht ſogleich rauben.

Die Leidenſchaften, die Theokrit ſeinen Schäfern gibt, ſind durchaus menſchlich,
und

* Litter. Br. Th. 7. und 9.

und nach ihren kleinen Gesellschaften, nach ihrem Zustande, nicht aber Moralisch unschuldig: Daphnis und sein Mädchen fällt jedem hiebei zuerst ein: ist die Liebe der Zauberin zu ihrem Geliebten wohl höchst verschönert? Platonisch vollkommen denkt, empfindet und liebt kein Schäfer in ihm. Er überläßt sie ihrer Natur, die nach ihrem Zeitalter und nach ihrer Gesellschaft unschuldig ist. Seine Schäferhelden sind nicht jenem Philosophischen Helden gleich,

> Qui metus omnes et inexorabile fatum
> Subiecit pedibus — —

alsdenn wären sie unerträglich. Seine Liebe wird stürmisch, wird Raserei bis zum Tode: selbst seine Grazien sind nichts weniger als höchst verschönerte Ideale. Aus jeder Idylle muß ich Proben hiervon anführen können, weil ich dies eben für das Charakterstück derselben halte.

Der Kunstrichter verwirret sich selbst in seinem eigenen Gewebe, wenn er auf die niedrigen Züge stößt, die die Franzosen im

Theokrit nicht ausstehen können; und löset dies Räthsel so auf: „weil in der Idylle Lei„denschaften und Empfindungen bis auf „den höchsten Grad veredelt werden, so thue „der Dichter wohl, daß er ihre Lebensart „nicht zugleich mit idealisiret.*„ Ich glaube, der Dichter thut nicht gar zu wohl dran, denn je höher das eine veredelt wird, desto mehr muß das andre vereckelt werden. Die Lebensart, sagt er, gehöret nicht mit zu seiner Absicht; allerdings! hat er nicht kurz vorher selbst eine Eklogenart für die Landbeschäftigungen ausgemacht: und was ja eine ganze Ekloge abgeben kann, sollte das als Theil bei dem andern so unbeträchtlich seyn? Aber durch diesen Kunstgrif wird der Leser aus der Irre der Idealischen Welt auf die Natur zurückgeführt? leider! ja, aber auch zu dem Seufzer gebracht: warum hat mich der Dichter in die ärgerliche Irre geführt? hätte er nicht diesen Idealischen Traum gehabt; alsdenn hätten seine Charaktere an Mannichfaltigkeit und Bestimmtheit gewonnen?

* Litter. Br. Th. 5. p. 134. 135.

nen? Der Kunstrichter siehet sich nach Beispielen um, seinen Gedanken zu erläutern, und ich — zu widerlegen. Theokrit ist Beispiel genug! Man flechte in irgend eine Geßnersche Idylle einen Theokritschen niedrigen Zug ein; er wird unausstehlich: im Theokrit aber ohne verwöhnte Ohren nicht. Wie kommt das? „Geßners gröstes Verdienst ist, „daß er die Schranken der Veredelung so ge„nau zu treffen gewußt.„ Und Theokrit nicht so genau? Und hat doch sein Ideal höchst verschönert? Gehorsamer Diener! Der Kunstrichter hat sich bloß in das Ideal seiner Eintheilung und Erklärung wegen verliebt; so bald er sein Definiren vergißt, bekennt er selbst:* „Man hat die Empfindungen des Land„mannes verschönert, dem Ideal näher ge„bracht, doch so daß sie ihre Natur nicht ab„legen!„ Nun sind wir schon mehr Freunde, doch nicht völlig: wenn das Ideal die höchste Schönheit bleibt: so steht Virgil über Theokrit, Geßner über Virgil, und Fontenelle über Geßner; und ich rangire umgekehrt.

* p. 134.

Das Ideal des Schäfergedichts ist: wenn man Empfindungen und Leidenschaften der Menschen in kleinen Gesellschaften so sinnlich zeigt, daß wir auf den Augenblick mit ihnen Schäfer werden, und so weit verschönert zeigt, daß wir es den Augenblick werden wollen; kurz bis zur Illusion und zum höchsten Wohlgefallen erhebt sich der Zweck der Idylle, nicht aber bis zum Ausdruck der Vollkommenheit, oder zur Moralischen Besserung.

Aus dieser Bemerkung, die ich anderswo beweisen will, folgt vieles zu meiner Parallele: je näher ich der Natur bleiben kann, um doch diese Illusion und dies Wohlgefallen zu erreichen; je schöner ist meine Idylle: Je mehr ich mich über sie erheben muß, desto Moralischer, desto feiner, desto artiger kann sie werden, aber desto mehr verliert sie an Poetischer Idyllenschönheit. Dies ist der Unterschied zwischen Theokrits und Geßners Charakter.

Theokrit schildert durchgängig Leidenschaft; Geßner, um nicht seinem Ideal zu nahe

nahe zu treten, ist hierinn weit blöder. So wie uns unser Wohlstand zu einer Schwäche gebildet, die nur für uns schön läßt, so schmeckte vieles dem Geschmack der Griechen, was uns zu stark ist. Seine Schäferleidenschaft bleibt immer mehr schleichende Neigung: die weiche, zärtliche Liebe, zu drücken, zu herzen, zu küssen; dies ist die Farbe, die man überall sieht. Amyntas, ein Schäfer, der sich des Baums erbarmte, läßt uns, wie Ramler * sagt, schließen „was wird nicht ein „größerer Vorfall bei ihm würken?„ so schliessen, glaube ich, kann man im Geßner oft; aber es sehen? — selten!

Theokrit schildert kleinere menschliche Gesellschaften, nicht „wie sie der Weltweise in „der Oekonomik Moralisch betrachtet *„ sondern wie er sie als Dichter von seiner Zeit abstrahiren konnte, um sinnlich zu reizen und zu überreden. Seine Sittlichkeit ist also auch nichts minder als Moralisch, sondern

A a 3   Poli-

* s. seinen Batteux.
** s. Ritter. Br. im angef. Theil.

Politisch, diesen kleinen Gesellschaften so fern angemessen, damit sie reizen und illudiren. Das ganze goldene Weltalter, in welches die Schweizer die alten Schäfer sezzen, ist also eine schöne Grille: Die Griechischen Idyllendichter wissen von einer vollkommen goldnen Zeit nur im seligen Elysium der Götter, und in der Jugend der Welt, wo die Helden lebten: da schöpften die Corybanten aus Milchströmen ihre Begeisterung; aber Theokrits Schäfer schöpfen klares Wasser: ja auch da nicht einmal waren die Helden den seligen Göttern gleich: und Theokrits Schäfer sollten es seyn? Ist Alcimadure, ist Battus, ist Polyphem, ist der arme Fischer, denn in dem glücklichen, reizenden Alter, wie man das goldne mahlt? Aber was gewinnt Theokrit dabei? Er kann wirkliche Sitten schildern. Da er sein Gemälde aus dem Leben porträtirte, und bis auf einen gewissen Grad erhöhete; so konnte er auch Leben in dasselbe bringen.

Aber Geßner und die Neuern? Wir, die von diesem Zeitalter der Natur so weit entfernt

fernt sind, daß wir fast niemals wahre menschliche Sitten, sondern Politische Lebensart erblicken, müssen entweder einem ganz abgezogenen Ideal folgen, oder wenn wir unsre Lebensart verfeinern wollen, Artigkeit malen. Das lezte that Fontenelle; er, der in seiner Nation nichts erblickte, nichts anders erblicken wollte, und endlich selbst an alten Schäfern nichts anders erblicken konnte, schilderte, was er sahe und sehen wollte: Gewohnheiten und Umgang und Artigkeit und Hofmanieren, die endlich einem Franzosen gefallen können, aber einem Griechen verächtlich und ekelhaft seyn müssen. Geßner, der von den Griechen seine Weisheit erlernt hat und seiner Zeit sie bequemte, nahm sich also ein gewisses Moralisches Ideal, und was verliert er dabei? —

Erstlich die Bestimmtheit der Charaktere. Seine Schäfer sind alle unschuldig, nicht weil die Unschuld aus ihrer Bildung folgt: sondern weil sie im Stande der Unschuld leben: lauter Schäferlarven, keine Gesichter: Schäfer, nicht Menschen. Statt

zu handeln, beschäftigen sie sich, singen und
küssen, trinken und pflanzen Gärten.
Worinn ist Geßner glücklicher, als in die,
sen Küchen= und Landschaftsstücken, wo
er die Natur oft als eine Nymphe an ihrem
Nachtschleyer unvermuthet erhascht. Geß=
ner ist hierinn noch vortreflich, und mischt
diese Schilderungen nur ein; aber wenn
seine Nachfolger mittelmäßige Schilderun=
gen zum Hauptwerk,* zu ihrem ganzen Ge=
schäfte machen; so weicht dies ja ganz von
den Alten ab. Sie malen das, worinn ih=
nen der Maler es zuvor thun kann, nur selten,
nur als ein Nebenwerk, nur kurz: wenn aber
Breitenbauchs Jüdische Schäfergedichte
nichts als mulen: so — können sie blos
durch die Kunst des Malers schäzzbar werden,
und schlägt die fehl — so ist alles verloren.

Die Mannichfaltigkeit leidet bei diesem
Ideal noch mehr. Nicht von innen aus der
Seele, sondern meistens nach Umständen wird
sie bestimmt. Geßners Idyllen sind oft al=
ler=

* s. Jüd. Schäfergeb.

lerliebſte Schäfertändeleien, hier über ein fliegendes Roſenblatt, dort über einen zerbrochenen Krug, hier über einen Baum, dort über das Schnäbeln der Tauben; hier redet der Vater Menalkas, hier der Sohn Myrtill über ſeinen ſchlummernden Vater; hier der neunzigjährige Palämon: hier der Liebhaber, dort die Schöne; immer aber derſelbe Schäfer, nur in einer andern Situation.

So möchte Geßner gegen Theokrit ſeyn. Ich weiß nicht, ob ich mit Rammler ſagen kann: „er hat im wahren Geiſt des „Theokrits gedichtet. Man findet hier glei„che Süßigkeit, gleiche Naivete, gleiche Un„ſchuld in Sitten.„ Die Süßigkeit des Griechen iſt noch ein klarer Waſſertrank aus dem Pieriſchen Quell der Muſen; der Trank des Deutſchen iſt verzuckert. Jenes Naivete iſt eine Tochter der einfältigen Natur; die Naivete im Geßner iſt von der Jdealiſchen Kunſt geboren; jenes Unſchuld redet in Sitten des Zeitalters; die Unſchuld des lezten erſtreckt ſich bis auf die Geſinnungen, Neigungen, und Worte. Kurz! Theokrit malt

Aa 5 Leiden

Leidenschaften und Empfindungen nach einer verschönerten Natur: Geßner Empfindungen und Beschäftigungen nach einem ganzverschönerten Ideal: Naturscenen kann ich noch dazu sezzen; nur Leidenschaften? nicht so leicht. Wo er sie schildern muß z. E. in seinem Tode Abels, und in seinem Daphnis mißrathen sie oft: Abel zu fromm: Cain zu übertrieben, und unwahrscheinlich: Daphnis für die Erde zu himmlisch und für das Reich der Hebe zu irrdisch. Seine Schäferspiele — man führe sie auf: und man wird Puppen sehen: man lese sie, und es sind ergözzende Puppen. Aber ein Schäferspiel wirklich in Theokritschem Geist, das muß eben so wohl rühren, als ein Griechisches Heldenspiel.

Ich entziehe Geßner hiemit nichts von seinen gerechten Lobsprüchen: ich kann aus Rammlers Batteux mit willigen Fingern hinzusezzen: „Seine Erfindungen sind (im „Detail) mannichfaltig: seine Plane regel-„mäßig: nichts ist schöner als sein Colorit: „seine Prose ist so wohlklingend, daß wir den „Theo=

„Theokritſchen Vers nur ſehr wenig ver„miſſen„„ Ich preiſe ihn allen Deutſchen an, von ihm Weisheit im Plan, Schönheit in der Auszierung, die leichteſte Stärke im Ausdruck, und die ſchöne Nachläßigkeit zu lernen, womit er die Natur malet.

Aber Theokrit kann er uns nicht ſeyn. Im Geiſt der Idyllen muß er nicht unſer Lehrer, unſer Original, und noch weniger unſer einziges Original ſeyn! Und das aus drei Gründen: Zuerſt würden dadurch blos arme trockne Nachahmungen erzeugt, an ſtatt daß aus Theokrit noch neben ihm Originale gebildet werden können, die eine neue und eigenthümliche Art der Verſchönerung nach dem Geſchmack unſrer Zeit haben können, wenn ſie Genies ſind. Die Natur, der Theokrit näher iſt, kann als eine Mutter mit vielen Brüſten, noch viele Geiſter tränken, und wer trinkt nicht lieber aus der Quelle, als aus einem Bach?

Zweitens: was ein Genie bildet, iſt vorzüglicher im Theokrit: Leidenſchaft, und Empfindung; was uns Geßner zeigen kann,

kann, ist mehr Kunst und Feinheit: Schilderung und Sprache. Ahmen wir nun blos dem leztern nach, so entstehet ein pcior progenies von Landdichtern, die ewig schildern und langweilig schwazzen: wie Geßner viele solche schon hervorgebracht.

Drittens: Da unsere Laune mehr das Denken, als Beobachten ist: so versäumen wir bei der bloßen Nachahmung der Neuern sehr leicht das lezte, und vertiefen uns in Idealische Träume, statt wie der Griechische Bevres wirkliche Naturbilder zu studiren. Zu schwach alsdenn, das höchste zu erfliegen, und zufrieden, wenn wir statt eines Griechischen Gefühls lieber Französischen leichten Geschmack haben: bringen wir Mißgeburten zur Welt, die ausschweifend auf der einen, und ohne Interesse auf der andern Seite sind: unbestimmte Mittelarten zwischen Engeln und sinnlichen Geschöpfen. Aber desto mehr Liebhaber finden sie oft: weil ein frommer lieber Leser, und ein unreifer feuriger Jüngling sie beide umarmen, ob sie gleich der Kenner verwirft.

End-

Endlich schreibt Geßner zwar, gegen einen Athenienser Dorisch, aber gegen andere Schweizer, wie Theokrit gegen Pindar: er ist ein Sohn derselben Grazie, die den Theokrit salbete, und kann sich in Deutschland das Lob geben, was sich der bescheidene Theokrit gab: ich habe mich nie frember Musen bedienet!

6.

Alciphron und Gerstenberg.

Zwischen Alciphron und Gerstenberg * kann ich sagen: siehe! hier ist mehr, als Alciphron. Seine Tändeleien sind artige Spiele der Liebe: dieses schön wie ein Kuß, jenes wie ein duftender Blumenstrauß: ein andres, wie das schalkhafte Lächeln eines Mädchens: dies, wie ein freundschaftlicher Händedruck; jenes, wie ein süßer Schauder bei der Thräne eines andern: sie schwimmen auf dem Meere des Wohllauts. Wir wollen diese Gedichte

* Litter. Br. Th. 2. p. 228.

Gedichte der Grazie weihen, wie Orpheus sein 59stes θυμιαμα; und ihm die Ode des Pindars zueignen, die er dem Asopichus sang, einem jungen olympischen Sänger, der mit den Charitinnen am silbernen Ce= pheus geboren war.

7.
Sappho und Karschin.

Die Muse will, daß ich mit einer Dichte= rin beschließen soll, die sich oft und manch= mal am unrechten Ort den Namen Sappho gibt. Ich würde diesen Frauenzimmereinfall nicht zur männlichen Wahrheit machen: wenn nicht die Bestimmtheit, mit der sie auf sich zeigt, es verriethe; einige ihrer Verehrer haben vielleicht ihre Bescheidenheit in diesen süßen Traum gewieget.

Wenn man die Gedichte der Mad. Kar= schin auch nur als Gemälde der Einbildungs= kraft betrachtet: so haben sie wegen ihrer vie= len Originalen Züge mehr Verdienst um die
Erwe=

Erweckung Deutscher Genies, als viele Oden nach regelmäßigem Schnitt; ich will ihr auch so gar mehr einräumen, als ihr die Litteraturbriefe gestatten; * dem ohngeachtet aber kann ich doch fragen: ist sie Sappho?

Nach den zwei Fragmenten, die uns von der Griechin übrig geblieben, würde ich ihren Charakter ohngefähr bestimmen: „eine Sän„gerin, die in der Anordnung ihrer Gesänge, „ihrer Bilder und Worte; in der zarten „Glut, die alles fortschmilzt und in einer fei„nen Wahl der wohlklingendsten Aus„drücke eine zehnte Muse geworden.„

Sollte auch in der Anordnung ihrer Gesänge Dionysius aus Halikarnassus mehr gefunden haben, als sie hineingelegt: so sind doch die Karschischen Gedichte damit nicht zu vergleichen, die ohne Plan im Ganzen, ohne Oekonomie der Bilder, ohne Känntniß des Lyrischen Perioden, hingeworfene Geburten einer reichen dichterischen Einbildungskraft sind.

Von

* Litter. Br. Th. 17. p. 123.

Von dem sanften Sapphischen Feuer ist Longin, Catull und alle ihre Erklärer, nur nicht der böse Phaon, durchdrungen gewesen; und Longin, der Erhalter dieses Stücks, hat das Kunststück des Baumgartens vortreflich gewust, seine Regeln vom hohen Empfindungsvollen in sein Beispiel selbst einzuweben; allein die Deutsche Sappho, in ihrem Feuer mehr wild als sanft, mehr stürmisch als schmelzend, dörfte eher in ihren Werken Androgyne seyn, als eine zärtliche Freundin der Venus, wie die Griechin war.

Endlich die Wahl ihres Wohlklanges hat den Horaz zum Nachfolger erweckt, aber weit hinter sich gelassen: werden aber wohl Deutsche Horaze unsre Karschin zum Muster nehmen wollen? Dörfte die Griechische Sappho nicht zu ihr sagen, was sie nach einem ihrer Fragmente ihrem Mädchen sagt: „Du hast ja nie Rosen gepflückt, auf den „Pierischen Bergen, wo die Musen und Gra„zien wohnen.,,

Ich wünsche unsrer Dichterin indessen nichts so sehr, als nicht das Gegenbild der

Sappho

Sappho zu seyn, in Anordnung, Feuer und Wohlklang; wie es beinahe jetzt ist: und nichts wünsche ich ihren Gedichten minder, als das Schicksal, das die Sapphischen hatten: sie giengen unter, oder geriethen unter die unerbittliche Verstümmelung Kritischer Kipper und Wipper; wie leicht könnten sich Kunstrichter des leztern bei den Karschischen Gedichten anmaßen, wenn es die Verfasserin nicht selbst thun will?

Wie mag es aber gekommen seyn, daß Sappho unterging? Du wirst vielleicht sagen: wer kann wider Gott und Novogrod? Allein! ein Kunstrichter, der vermuthlich Offenbarung gehabt, wird dir diesen Irrthum benehmen:* „Korinna und Sappho, die unmäs„ßig und ausgelassen waren, mußten dafür „büßen: ihre Verse giengen unter, und ihr „Name blieb zwar, doch mit dem schandba„ren Nachklange, daß sie verbuhlte Dirnen „gewesen.„

So

* Litter. Br. Th. 24. p. 75.

So wenig ich mich darüber einlassen will, warum fast keine Griechische Oden zu uns gekommen: so wenig wird der Verfasser dieses Urtheils eine Apologie unter folgendem Titel schreiben:

„Vertheidigung des gerechten Avto da
„Fe, das die Griechischen Pfaffen an den
„schandbaren Liebesliedern des Menan=
„ders, Diphilus, Apollodors, Phile=
„mons, Alexis, der Sappho, Korin=
„na, Anakreons (den man aber aus Gna=
„de noch verschonte, weil er weise gelebt hat=
„te,) Minermus, Bions, Alcmanns,
„Alcäus u. s. w. heilsam und gottselig
„verübet, weil die meisten von ihnen un=
„mäßig und ausgelassen gelebt, und den
„schändlichen Nachklang gelassen, daß sie
„verbuhlt gewesen; wogegen man aber
„die Gedichte des gottseligen Nazian=
„zenus christlich und wohlbedächtig einge=
„führt.„

Hat der Verfasser dazu Lust, so wird er dieß Verfahren noch mit vielen Beispielen rechtfertigen können:

1) Wie

1) Wie chriſtlichfromm jener Elfer geweſen, der alle ſchwarze Statuen zerſchlug, weil ſie Werke des leidigen Teufels waren.

2) Aus welch heilſamen Abſichten die Gothen aus Rom die Heidniſchen Bücher wegſchleppten.

3) Welch einen bündigen zweihörnichten Vernunftſchluß jener Kaliphe Omar machte, da er die Alexandriniſche Bibliothek in Brand ſtecken ließ: entweder ſagſt du, was im Koran ſteht, oder — —

4) Und welche feine und genaue Auswahl der Pfarrer zu Mancha mit dem Barbier Niklas anſtellte, ehe die Haushälterin ihres gnädigen Herrn Bibliothek zum Fenſter herausſchickte.

5) Wird um einige kleine Antworten gebeten: ob Livius wegen ſeiner vielen abergläubiſchen Geſchichte meiſtens untergegangen, dahingegen die Priapeia gerettet worden, weil ſie der keuſche

Virgil gesammlet hatte? ob der fromme Trescho mehr Gewalt gegen die Zeit haben wird, als die schandbaren Dichter, die von Liebe und Wein singen?

Ich wünsche in der That, aus Liebe zu den Litteraturbriefen, daß diese und einige andre Hypochondrische Einfälle morgen aus meinem Exemplar verschwunden wären. Hat sich nicht der Kunstrichter erinnert, daß man der schandbaren Sappho zu Ehren, Münzen geschlagen?

Ich schließe meine Parallele: 7 Statuen habe ich auf Deutschem Grund und Boden gefunden, als ein ehrlicher Deutscher sie gegen die Griechischen Antiken gestellt: Wandrer! urtheile selbst, oder schaffe selbst mehrere Bildsäulen her, oder arbeite selbst welche aus. Ich gehe fort, und mit einem zurückgeworfenen Liebesblick seufze ich: O ihr Deutsche Griechen, wenn das Schicksal eurer Urbilder auf euch kommen sollte: wie viel werden eurer nach 2000 Jahren übrig seyn?

Wird

Wird alsdenn noch ein Volk von Deutschen Antiken wissen? wird ein Richter sie alsdenn noch mit den Griechen vergleichen? Warum will man der lebenden Welt das Urtheil verbieten, da die Nachwelt desto schärfer richten wird?

Beschluß.

Nachschrift an den Leser.) Wer die Fortsezzung dieser Parallele wünscht; der erwarte im dritten Theil etwas von unsern Römern, Engländern und Franzosen: und nachdem alle Schulden abgetragen sind, wollen wir unser eignes Kapital berechnen, und fragen: wozu wirs anwenden könnten. Der 4te Theil soll von der Aesthetik, Geschichte und Weltweisheit reden, wenn diese weite Materie nicht das Maas eines Theils übergeht. Obgleich meine Fragmente kein Gebäude, sondern blos Materialien sind: so muß man doch auch die Anführung derselben zu vollenden suchen.

An die Schriftsteller, über die ich geredet.) Ob man gleich in Deutschland noch immer über seine Urtheile das Sentiment des Pindars sezzt: „Wer es wagt von Göttern „zu reden, der thue es mit Ehrfurcht; denn „der Seligen einen zu tadeln ist Unsinn:„ so habe ich doch das Zutrauen zu denen, die sich nicht über Mitbürger der Litteratur erheben

…en wollen; sie werden auch ein freies Urtheil auf dem Markte über sich nicht ungern sehen. Ich sage mit dem Achilles im Homer: „wir haben die Trojaner nichts ge„than; nie mein Vieh weggetrieben, nie auf „dem fetten und volkreichen Pthya meine „Früchte beschädigt; denn viel schattichte „Berge sind zwischen uns, und das wiederschal„lende Meer.„ Der ganze Plan meiner Fragmente zeigt, daß ich blos von den Hauptgestirnen unsrer neuern Litteratur reden wollte; die Sterne der 5ten Größe mögen eben so große Sonnen seyn; für uns Erdbewohner aber nicht.

An die Kunstrichter.) Darf ein Verfasser selbst den Gesichtspunkt angeben, aus dem er betrachtet seyn will: so bin ich zufrieden; wenn ich das Genie unsrer Sprache, ihren Zustand, die Fehler und Schönheiten unsrer Schriftsteller, und die Mittel, von einander zu lernen gezeigt; wenn ich zur Känntniß und Nachbildung der Griechen angemuntert; wenn ich die Gränzen der Morgenländischen Nachahmung bestimmt, und für Schriftsteller,

ler, Leser und Kunstrichter nur etwas nüz̄lich gewesen bin. Zweitens! Darf ein Verfasser die Kunstrichter angeben, mit denen er sich über seine Schriften, wie durch ein öffentlich Commerz, gern besprechen möchte; so wünschte er sich, ohne andern zu nahe zu treten, vorzüglich das Urtheil eines Michaelis, Moses, Abbt, Klozz und Ramlers, in der allgemeinen und Neuen Bibl. in den Actis litterar. und Götting. Zeitungen, oder anderswo.

www.ingramcontent.com/pod-product-compliance
Lightning Source LLC
Chambersburg PA
CBHW020831230426
43666CB00007B/1174